U0683432

世界遗产丛书

丛书主编 王少如

天坛

天坛公园管理处
编写 武裁军
摄影 姚天新 秦凤京 王惠京 董亚力
程光昕 武文孝 武裁军

联合国教科文组织
亚太世界遗产研究与培训中心

TIANTAN

世界图书出版公司

上海·西安·北京·广州

图书在版编目（CIP）数据

天坛／天坛公园管理处．—上海：上海世界图书出版公司，2008.7（2013.12重印）
（世界遗产丛书）
ISBN 978-7-5062-9121-7

Ⅰ.天… Ⅱ.①天…②武… Ⅲ.天坛—简介 Ⅳ.K928.73

中国版本图书馆CIP数据核字（2008）第034857号

出 版 人　冯国雄

责任编辑　施维　孙妍捷

整体设计　姜明　明婕

天坛

出版发行	上海世界图书出版公司
地　　址	上海市广中路88号　邮政编码：200083　网址：http://www.wpcsh.com.cn
印　　刷	上海锦佳印刷有限公司
开　　本	787×1092　1/16
印　　张	4.25
印　　次	2013年12月第1版第4次印刷
书　　号	ISBN 978-7-5062-9121-7/K·8
定　　价	28.00元

如发生印刷、装订质量问题，读者可向工厂调换。联系电话：021-56723397

目录

一、概述

　　天坛是明清两朝皇帝祭天的场所,也是世界上规模最大、形制最完备的古代祭天建筑群。

　　天坛位于北京市崇文区前门外东南方,地理坐标为东经116°24′,北纬39°53′。天坛周围有永定门、先农坛、南护城河及天桥、金鱼池等名胜古迹,又有红桥市场、北京体育馆、中国棋院等现代建筑,风景秀美,环境宜人。

　　天坛建成于永乐十八年(1420年),初称天地坛。永乐十九年(1421年)春,明成祖在天地坛大祀殿举行天地合祀大典。以后的百余年间,明朝皇帝每年都在天地坛大祀殿举行天地合祀大典。

　　明嘉靖九年(1530年),明世宗推行天地分祀制度,在天地坛大祀殿南建圜丘祭天,在北京的北郊建方泽祭地,天地坛遂更名天坛。

　　清朝沿袭明朝旧制,仍以天坛为祀天之所。乾隆八年(1743年)至乾隆四十七年(1782年)间,对天坛进行了大规模的扩建、改建及修缮,完成了天坛的最终布局。

　　天坛占地面积273公顷,有祈年殿、圜丘、斋宫、神乐署四组古建筑群。天坛设内外两坛。内坛北部为祈年殿,南部是圜丘,两组建筑由一条长达360米的丹陛桥相连。丹陛桥东侧,配有与祭祀功能相适应的附属建筑宰牲亭、神厨、神库等;丹陛桥西侧,建有皇帝进行斋戒的斋宫。外坛西部有神乐署,是培养祭祀乐舞生和演陈礼乐的场所;神乐署南面,建有饲养祭祀用牲的牺牲所。

　　祈年殿是天坛的标志性建筑,也是中国现存最大的古代圆形木结构建筑,体态雄伟,构架精巧。祈年殿柱子巧妙的数理变化,恰与中国古代农历年月日的时间概念相吻合,展现了古人独特的建筑理念。而圜丘祭坛的尺度和构

天坛鸟瞰

沁园春宾馆

珠市口东大街

天坛路

幸福大街　崇文

红桥市场

体育馆路

东经路

富力信然广场

天坛公园

天坛东路

永定门内大街

永定门内大街

北京游乐园

永定门东街

天坛地理位置图

件的数量则反复使用了"九"这个数字,以象征"天"和强调与"天"的联系。天坛还以大面积的树林和丰富的植被,创造了"天人协和"的生态环境。

天坛把中国古人对"天"的认识和愿望、对天人关系的理解表现得淋漓尽致。它以独特的建筑语言对中国古代哲学、历史、数学、力学、美学、生态学进行了诠释,有着深刻的文化内涵和极高的历史价值、科学价值和艺术价值。

1957年,天坛被列为北京市古建文物保护单位。

1961年,又被列为第一批全国重点文物保护单位。

1996年,天坛申报世界文化遗产工作开始筹备。

1997年6月,中国代表团向联合国世界遗产中心递交了天坛申遗报告。

1998年2月,国际古迹遗址理事会主席席尔瓦博士和助手朱迪旺斯博士专程来到天坛考察。席尔瓦博士惊叹:"天坛太美了,我被出色和令人惊讶的木结构建筑及其内在精神和气质深深打动。……天坛除了精巧的建筑结构、完美的建筑艺术,其建筑所体现的文化底蕴和浓厚的宗教气氛更让人惊讶!"

1998年12月2日,在日本东京举行的联合国教科文组织世界遗产委员会第22届会议通过了天坛的申遗报告,依据世界文化遗产遴选标准第一、二、三、四项,将天坛列入《世界遗产名录》。

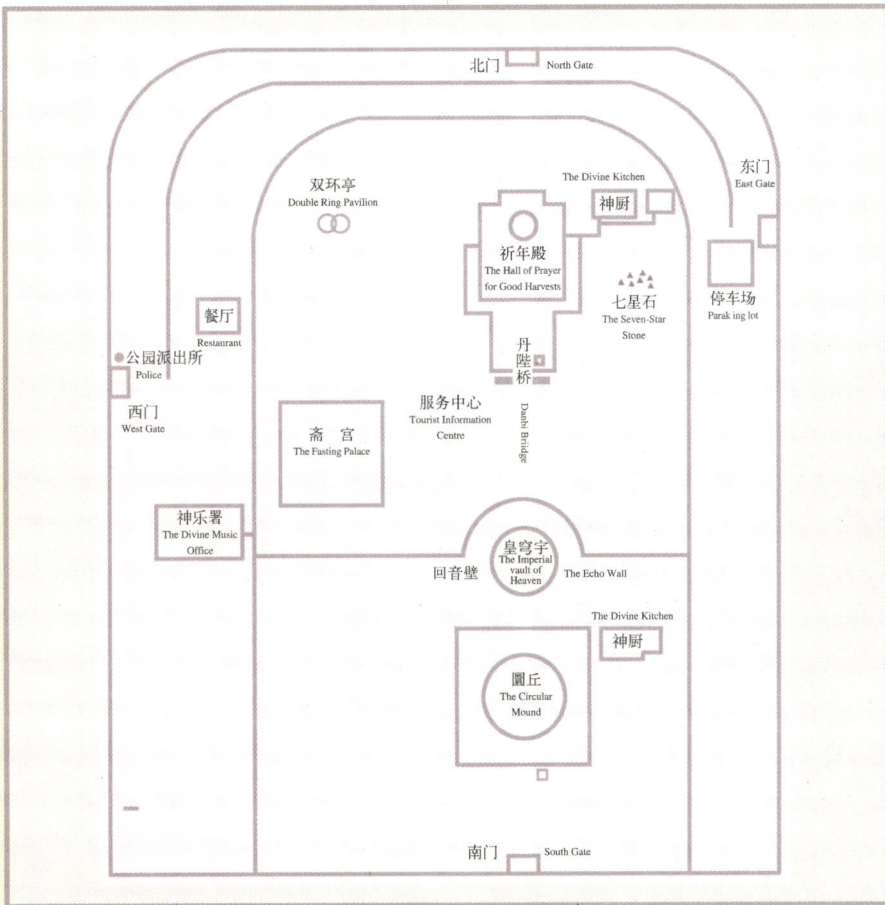

北门 North Gate
双环亭 Double Ring Pavilion
The Divine Kitchen
东门 East Gate
神厨 The Divine Kitchen
祈年殿 The Hall of Prayer for Good Harvests
七星石 The Seven-Star Stone
停车场 Parak ing lot
餐厅 Restaurant
丹陛桥 Danbi Bridge
公园派出所 Police
西门 West Gate
服务中心 Tourist Information Centre
斋宫 The Fasting Palace
神乐署 The Divine Music Office
皇穹宇 The Imperial vault of Heaven
回音壁 The Echo Wall
神厨 The Divine Kitchen
圜丘 The Circular Mound
南门 South Gate

天坛建筑景观分布图

　　世界遗产中心的评估报告认为：

　　天坛是建筑和景观设计的杰作，朴素而鲜明地体现出对世界伟大文明之一的发展产生过影响的一种极其重要的宇宙观。许多世纪以来，天坛所独具的象征性布局和设计，对远东地区的建筑和规划产生了深刻影响。2000多年来，中国一直处于封建王朝统治之下，而天坛的设计和布局正是这些封建王朝合法性的象征。

　　在天坛南门昭亨门内东侧，矗立着一座"天坛世界遗产标志碑"，碑身上圆下方，寓意"天圆地方"，上面镶嵌着"世界遗产标志"铜牌，与西侧的"国家重点文物保护标志"遥相呼应。

天坛《世界遗产证书》

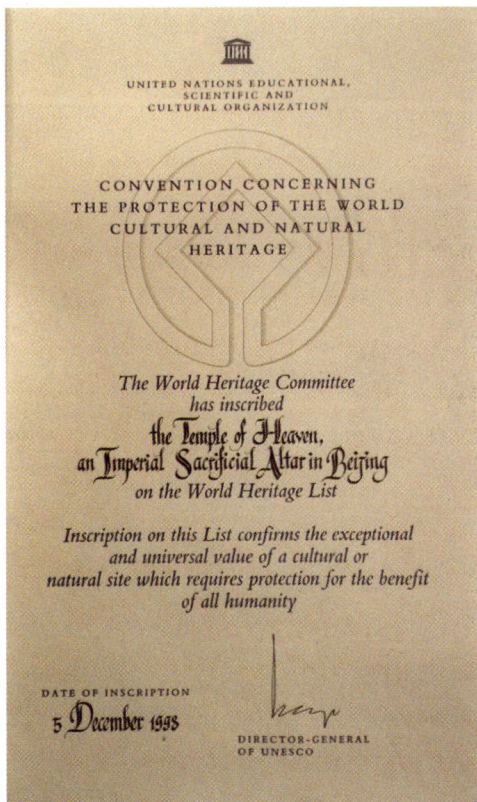

UNITED NATIONS EDUCATIONAL, SCIENTIFIC AND CULTURAL ORGANIZATION

CONVENTION CONCERNING THE PROTECTION OF THE WORLD CULTURAL AND NATURAL HERITAGE

The World Heritage Committee has inscribed the Temple of Heaven, an Imperial Sacrificial Altar in Beijing on the World Heritage List

Inscription on this List confirms the exceptional and universal value of a cultural or natural site which requires protection for the benefit of all humanity

DATE OF INSCRIPTION
5 December 1998

DIRECTOR-GENERAL OF UNESCO

天坛圜丘祭坛

从明朝的永乐年间到清朝的乾隆时期,历经300余年。在此期间,尽管世事沧桑,风云变幻,但天坛的营建始终没有停止。无以胜数的工匠为天坛的雄伟付出了他们的聪明智慧和辛勤血汗,而明朝的永乐皇帝、嘉靖皇帝及清朝的乾隆皇帝更是几度大兴土木,为天坛平添了无限的壮丽。

1.天坛的兴造

永乐皇帝把明朝的国都从南京迁到北京,由此成就了一个规模空前、垂范后世的皇家祭坛。

1367年,朱元璋在南京称吴王以后,即在钟山之阳营建祭天用的圜丘,在钟山之阴营建祭地用的方丘。次年,朱元璋称帝,建立了明朝。洪武四年(1371年),明太祖朱元璋令改筑圜丘、方泽,定每年冬至日、夏至日举行祭天、祭地典礼。

洪武十年(1377年)冬,南京阴雨连绵,出现了灾情。朱元璋在冬至大祀斋戒时,对京房的《灾异说》深以为然,认为京城出现灾情是祭祀没有搞好的结果,遂以"人君事天地犹父母,不宜异处"为由,于圜丘旧址建大祀殿,以每年春正月上辛日举行天地合祀大典。洪武十三年(1380年)正月,朱元璋率百官莅大祀殿,合祀昊天上帝、后土皇地祇,亲作祝文,并歌九章。

永乐四年(1406年),明成祖朱棣改北平为北京。永乐十五年(1417年)六月,开始在正阳门之南营建北京坛庙。永乐十八年(1420年),北京天地坛建成。

北京天地坛规制悉仿于南京大祀殿,但比南京大祀殿更为壮丽。天地坛四周绕以垣墙,中为大祀殿,台阶上设有四坛,以祀日月星辰。大祀殿是天地坛最重要的建筑,是皇帝祭祀天地的神殿,雄伟庄重,金碧辉煌。大祀殿门外,东西列十二坛,以祀岳、镇、海、渎、山川、太岁、风、云、雷、雨、历代帝王、天下神祇。东坛末

为具服殿,西南为斋宫,西南隅为神乐观、牺牲所。

永乐十九年(1421年)正月甲戌日,永乐皇帝率文武百官在北京天地坛大祀天地,正式迁都北京。

此后,至嘉靖九年(1530年)共110年间,先后有9位明朝皇帝在北京天地坛大祀殿举行了102次天地合祀大典。凡遇到皇帝即位、皇子诞生、册封皇后、奉安太后等皇家盛典,及发生自然灾害、罪臣反叛、外敌入侵等国家大事,皇帝或亲自或派遣亲王到大祀殿祭告天地,感谢上苍,祈求佑护。

2.天坛的更制

嘉靖皇帝推行天地分祀,建圜丘并命名天坛,奠定了天坛的基本格局。

嘉靖元年(1522年),明世宗朱厚熜即位后,改革礼制。他曾三度到天地坛大祀殿祈雪及合祀天地,并与诸臣共议天地合祀分祀之是非。

嘉靖九年(1530年)五月,嘉靖帝令改天地合祀为天地分祀,建圜丘于南郊,建方丘于北郊,建朝日坛于东郊,建夕月坛于西郊。

圜丘之址选在天地坛大祀殿之南。嘉靖帝钦定规制:"圜丘第一层径阔五丈九尺,高九尺。二层径十丈五尺,三层径二十二丈,俱高八尺一寸。地面四方,满垫起五尺。"工程于当年五月开始,十一月建成。圜丘由祭坛、神版殿、神厨、神库、宰牲亭组成。圜丘

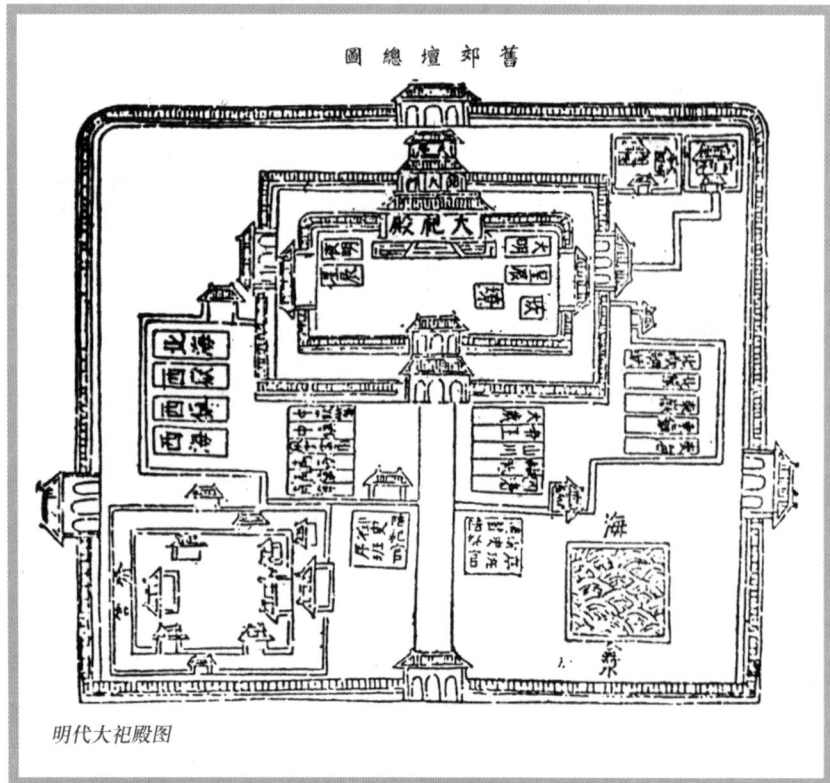

明代大祀殿图

坛东、西、南、北四门分别命名为泰元门、昭亨门、广利门、成贞门,取意于《易经·乾卦》之"乾,元亨利贞"。

是年冬至,嘉靖帝率领文武百官在新建圜丘上举行了祭天大典,并亲作《钦天颂》。从此以后,每年的冬至大祀就在圜丘举行。

嘉靖十三年(1534年),嘉靖帝降谕:"南郊之东坛名天坛,北郊之坛名地坛,东郊之坛名朝日坛,西郊之坛名夕月坛,南郊之西坛名神祇坛(在今先农坛内),著载会要,勿得混称。"天坛由此命名。

嘉靖十九年(1540年),大祀殿被拆,在大祀殿原址上建明堂。嘉靖帝亲自设计,绘出图样,指派严嵩主持兴建。嘉靖二十四年(1545年),新殿落成,嘉靖帝又亲笔书榜"大享殿"。

大享殿规制与大祀殿有着根本的不同。大祀殿制方,十二楹重檐崇基。大享殿制圆,三重檐三重基。三重檐瓦分三色,上层青色,中层黄色,下层绿色,檐柱窗棂皆饰以朱红,鎏以金箔。三重基亦以青白石为之,绕以汉白玉石栏,前后左右皆设出陛,枕以雕石,三层出水分别作龙凤云形。整座殿宇雄壮辉煌,美轮美奂。

但令人不解的是,嘉靖帝费尽心机设计建造,竟未曾到大享殿亲睹一眼。数百年后,清朝的皇帝把这座神殿改为祈谷坛,乾隆十六年(1751年)命名为"祈年殿"。

嘉靖帝去世后,继位的隆庆帝下令停止了祈谷、大享之礼,以后万历、泰昌、天启诸朝承袭不改,百余年间大享殿一直废置不用。直至崇祯十四年(1641年)正月,崇祯皇帝于大享殿举行祈谷大典,大享殿总算有了用途。

3.天坛的改建

乾隆皇帝为了显示大清王朝的威仪,对天坛原有建筑全部进行了改造,从而完成了天坛的最终建设。

清乾隆年间是中国封建社会的鼎盛时期,祭天礼仪在这一阶段也达到了空前完备的程度。深谙汉学的乾隆皇帝潜心完善祭天的各项仪程,对祭天场所的建设也竭尽心力,几番大兴土木。

乾隆八年(1743年),因天坛斋宫过于破旧,决定大举修缮,并建寝殿五间、左右配庑六间、内宫门一座、回廊六间。

乾隆十二年(1747年),因天坛内外坛墙年久损坏严重,为求整齐,将原土墙拆修。又拆除崇雩坛,将祈雨礼改在圜丘进行,拆下的城砖即用于修补天坛内外垣。整修后的坛墙坚固,大多保留至今。

乾隆十四年(1749年),由于圜丘坛上张设幄次陈祭品处过窄,决定扩建圜丘。将明代蓝色琉璃祭坛改为汉白玉石坛,并将圜丘上层坛面由原来的径五丈扩

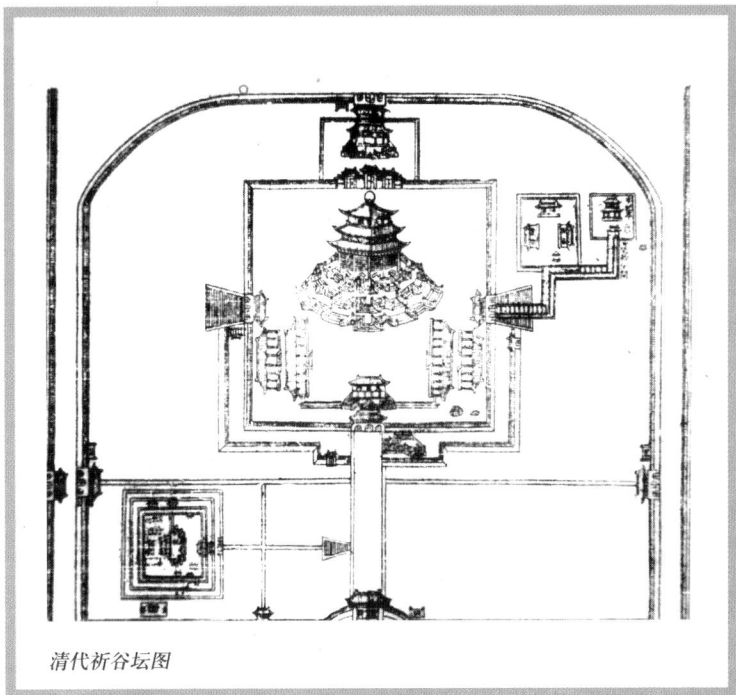

清代祈谷坛图

清乾隆时期所建的花甲门.

大至九丈。二层三层坛面径也依次扩大至十五丈及二十一丈。

乾隆十五年（1750年），将砖色不一的大享殿三层坛面用金砖墁砌。乾隆帝还认为，大享殿前后两庑是前明合祭所建，而今合祭之礼已不举行，并且两庑前重九间、后重七间又参差不齐，于是下令将后一重拆去。

乾隆十六年（1751年）七月初一，改祈谷坛大享殿为祈年殿，因"大享"之名与孟春祈谷异义。古代"年"与"谷"相通，"祈年"即寓意祈求五谷丰登，每年都有好的收成。自从清顺治年间规定每年举行祈谷大典以后，清廷便将大享殿辟为祈谷坛，所以乾隆帝将祈祷

丰收的神殿称为祈年殿，同时将大享门改为祈年门。乾隆帝还下令重修祈年殿，将原来象征上天、皇帝、庶民的青、黄、绿三色琉璃瓦改为纯青的单一瓦色，祈年殿两庑绿瓦也一并改为青色，而祈谷坛砖门及围垣因离坛稍远，仍照旧制覆盖绿瓦。

乾隆十七年（1752年），改建皇穹宇，将原重檐式殿顶改作单檐式，地面用青石铺墁，并在原土筑围墙外包砌以砖，砌墙用的城砖采用山东临清砖，这种砖以"敲之有声，断之无孔"、砖面光滑整洁著称，从而使皇穹宇围墙成为举世闻名的"回音壁"。

乾隆十九年（1754年），在天坛西外垣坛门之南又建了一座坛门，乾隆帝下诏命名为"圜丘坛门"，原来的西门则称"祈谷坛门"。在圜丘坛门内又建了一座钟

楼,并修筑舆路,形成了天坛南北两坛并立的格局。

乾隆三十七年(1772年),在祈谷坛西柴禾栏西垣建花甲门,骑墙而建,砖座,歇山顶,颇为壮观。按乾隆帝的规定,花甲门为皇帝年届花甲后祭祀祈谷坛出入之门。修改礼仪后,皇帝举行祈谷大典不需再经过丹陛桥,而可直接从花甲门登上祈谷坛。

乾隆四十六年(1781年),在皇乾殿西垣辟西角门。西角门门制和皇乾殿南门相同,惟规模稍小,且仅一座;门外有砖基月台,与祈谷坛砖城相连,月台西向有砖砌礓磋,通往西柏林舆路。是年,乾隆帝年逾七旬,祀前上香出入祈谷坛,进退颇为辛苦,于是有礼官建议在皇乾殿西垣开辟角门,使御舆停其处,以减皇帝行走之劳,所以西角门又被称为"古稀门"。古稀门在乾隆四十七年(1782年)建成后,只有乾隆帝使用过,因以后的皇帝都不曾寿登古稀,故无缘使用此门。

乾隆皇帝不仅关心天坛的营建,而且连天坛祭祀、祭天礼器、坛庙植树等无一不予亲自过问。天坛斋宫"钦若昊天"匾、神乐署凝禧殿"玉振金声"匾均是其御笔,笔锋遒劲,字体端庄,真实地表达了乾隆皇帝对上天的崇敬和顺从,也凝聚了他为天坛建设付出的心血。

中国古代极为重视坛庙植树,取"尊而识之"的寓意。天地坛初建成时即"树以松柏",以后历朝陆续补植,至清代中叶形成了颇具规模的天坛古树群落。据清道光年间统计,当时天坛有各种树木15000余株,其中大多为柏树。

天坛古树主要集中在祈年殿、圜丘、皇穹宇周围,在天坛外坛西北部及北部广大区域也有大片柏林,形成祈年殿东柏林、祈年殿西柏林、圜丘坛柏林及外坛柏林。3000多株古松柏,创造出了森然静谧的环境,为祭坛增添了庄严肃穆的气氛。

如今,天坛已是北京市中心最大的绿地公园。

清乾隆时期所建的古稀门

祈年殿，天坛标志性建筑

三、"壮丽冠天下"

——天坛的建筑景观

天坛古建筑总面积达25000平方米,有圜丘、祈谷坛、斋宫、神乐署四大建筑群,全部是明清遗存,庄重古朴,凝聚了中国古代圣贤及工匠的智慧和创造力,记录了中国历史上封建王朝的兴亡更替,也承载了绵延5000年的中国祭天文化。

1.圜丘建筑群

"圜"原意为天体,"丘"指高地。古人谓"圜以象天",故将祭天的高地称为"圜丘"。《周礼·春官》记载:"冬至日祭天于地上之圜丘"。自周以降,许多朝代均建圜丘以祭天。

天坛圜丘建于明嘉靖九年(1530年),初为蓝色琉璃圆坛,清乾隆十四年(1749年)改建为汉白玉石坛。根据天为阳、地为阴的理论,圜丘的选址按古人"阳中之阳"的观念,选在都城北京的东南方巽位,各种数据也为阳数之极,即九或九的倍数。建造者通过圜丘反映了当时朴素而鲜明的世界观,表达了对天神的无限尊崇和渴望达到"天人合一"境界的强烈愿望。

圜丘古建筑群主要包括祭坛、皇穹宇、坛门、神厨、神库、宰牲亭等,规模宏大,建筑雄伟。

圜丘天门

圜丘有四座坛门,也称"天门",分别为泰元门、昭亨门、广利门、成贞门,坐落于圜丘的东、南、西、北四个方向,始建于明嘉靖九年(1530年)。其名称取意于《易经》"乾"卦卦辞:"乾,元亨利贞。""乾"代表天;"元"则有初始的含义,与"泰"字结合,寓意安宁稳定;"亨"意为顺利通达;"利"则

圜丘祭坛鸟瞰

寓意普受恩泽；"贞"有坚定稳固的意思。圜丘四天门的命名，象征着天下万方无处不安定富足，周而复始，永保太平。

泰元门为圜丘东天门，位于圜丘东南，东西向，三孔砖座券门，明间东向嵌以石额，书"泰元门"。明朝时，泰元门外有崇雩坛，皇帝雩祀都经泰元门。隆庆元年(1567年)废雩祀后，泰元门便归于沉寂，长期置闲。1977年，泰元门被封闭，三孔拱券皆辟为居屋。

昭亨门是圜丘的南天门，也是天坛内坛的南门，出昭亨门即进入南外坛。现在南外坛已经不存在，昭亨门便成了天坛公园的南门。

昭亨门为三间拱券式宫门，南北向，绿琉璃筒瓦歇山顶，仿木结构砖砌斗拱，饰以旋子彩画，朱漆门扉，横纵九行金色门钉，中间门洞南向上方镶嵌石额，满汉合璧金书"昭亨门"。当年皇帝祭天时乘玉辇，摆大驾卤簿至天坛，在昭亨门外降辇，然后改乘礼舆进入天坛。这一礼仪程序表示了皇帝的谦恭，因为到了天坛，皇帝就由至高无上的人君变成了上天的臣子，随同皇帝而来的那支几千人的仪仗队伍和文武百官就停在昭亨门外，等待皇帝完成祭天礼仪。

昭亨门外原有东西向的舆路、礼神坊及降辇处，1948年被国民党军队炸毁，今已无迹可寻。

广利门为圜丘的西天门，在圜丘西南，东西向，规制同泰元门，惟"广利门"匾额西向。清朝时，皇帝在祭祀圜丘前一日至皇穹宇上香，然后出广利门转至斋宫。广利门西稍南有牺牲所，稍北为神乐署。广利门南垣上旧有穿墙门，门内有砖影壁，为祭祀牺牲所经之门,也称"走牲门"。

　　成贞门为圜丘的北天门,在皇穹宇北,南北向,门北接祈谷坛丹陛桥,故也是祈谷坛的南门。成贞门形式如昭亨门,但规制略隆于昭亨门,中门拱券高达7.2米,侧门拱券高5.2米。

　　成贞门原址在今皇穹宇处。嘉靖十七年(1538年),明世宗改泰神殿为皇穹宇,向北拓地数十丈,将圜丘坛北墙中段北移,成弧形,与皇穹宇圆形垣墙(即回音壁)相呼应,旋拆旧成贞门,于现址重建。今成贞门两侧垣墙仍随处可见嘉靖十七年砖铭。改造后的成贞门位于弧形墙正中,北接丹陛桥,南通圜丘坛,使两坛的结合不显得生硬突兀,圜丘和祈年殿达到了完美的统一。

圜丘成贞门

圜丘祭坛

　　圜丘祭坛,又称祭天台、拜天台,是圜丘的主体建筑,也是天坛最成功的建筑之一。明嘉靖九年(1530年),嘉靖皇帝亲自下令兴建,并参与设计。当年建成后,所有参与修建的官员都因此而加官晋爵,仅此一点就可以想见它在当时所具有的影响。

　　从昭亨门北望,圜丘祭坛即在眼前。它的建造完全照应古人"天圆地方"之说,均为圆制。古文"圆"通"圜",故称圜丘。

　　圜丘祭坛有两道墙墙环绕,外墙方形,每边长约168米;内墙圆形,直径约102米。两重墙墙皆红墙蓝瓦,四面都设棂星门。棂星门共计24座,门框石造,上饰云版,下嵌抱鼓,朱漆门扉,造型优美,极富韵律,有"云门玉立"的美称。

圜丘祭坛壝墙的棂星门

圜丘祭坛上下三层,通高5.7米,各层四面出陛各九级,坛面俱铺墁艾叶青石。底层直径54.9米,上层直径23.6米。

上层台面中心有一凸起圆石,称"天心石",又称"太极石"。站在天心石上讲话,有很强的共鸣效果,玄妙万端。研究者认为,这是因为圜丘台下面有高度不同的护栏及形状不同的围墙,人站在中心圆石上讲话,声波传递出去遇到远近不同的障碍,返回的时间不同,因此不止一个回声,形成好像不止一个人说话的假象。

明清举行祭天大典时,读祝官就站在天心石上诵读给上天的祝辞,声音嗡鸣,仿佛能直达天庭,与天神交流。这块圆石遂被命名为"亿兆景从"石,意为皇帝在此祈求上天的佑护,亿兆臣民都跟随于皇帝身后,皇帝发出的旨意就是上天的旨意,亿兆臣民都必须服从。

圜丘最撼人心魂的便是它的神秘,臆想中人与天神朦胧接触的一切氛围,圜丘都具备了。站在圜丘祭坛中心的天心石上,体会着那种种的神秘、那无比的庄重,冥冥中你会由衷地感觉到上天是世界的主宰……

围绕天心石以扇面形状铺开的石板,均以9的倍数递增,第一重为9块,第二重为18块,直到第九重为81块。下面两层台面的石板和四周的栏板,也都是以九的倍数递增。每层的台阶也是九级。九是至阳数,表示至阳至大,也有人说这意味着"九重天"。

圜丘祭坛为三层圆形石坛,白石须弥座,上面装饰着雷纹、回纹、圭脚,栏板采用汉白玉雕石,望柱、出水都为龙形雕饰,造型优美,色彩圣洁。

圜丘祭坛中心的天心石

圜丘祭坛围栏的精美雕饰

圆丘周围种植了许多四季常青的参天柏树,枝繁叶茂,古朴苍劲,衬托着圆丘汉白玉祭坛超凡脱俗、圣洁神秘的气韵。

皇穹宇

圆丘之北的皇穹宇,为一圆形院落,院中有正殿和配殿。正殿即皇穹宇,是存贮祭祀上天及历代皇帝神牌的殿宇;配殿为存贮从祀神位神牌的殿宇。

皇穹宇南向有三座拱券式宫门,俗称琉璃门。琉璃门上覆蓝瓦,白石崇基,环有汉白玉围栏。门上的琉璃彩画黄绿相间,精美别致,是北京城目前仅有的几处琉璃彩画建筑。

这处建筑原名泰神殿,始建于明嘉靖九年(1530年),原是一座方形殿宇。也许是因为泰神殿不够气魄,建成后不久,就于嘉靖十七年(1538年)被皇帝下令拆掉,由严嵩主持重建。重建时改为圆形重檐殿宇,并环以围垣,设左右配庑,命名为"皇穹宇"。清乾隆十七年(1752年),乾隆皇帝敕令再次改建,形成今制。

皇穹宇高22.35米,占地面积191平方米,单檐攒尖鎏金宝顶,蓝色琉璃瓦,崇基白石须弥座,东、西、南三面出阶,南向开三门。殿前丹陛枕以御路,御路上雕二龙戏珠及海水江崖,台基周围环以汉白玉石栏。

皇穹宇大殿由八根檐柱环绕支撑,三层镏金斗拱,层层上叠,天花层层收缩,藻井饰以团龙,沥粉贴金,金光闪烁;内檐金柱,沥粉贴饰金缠枝莲。大殿外檐饰金龙合玺,内檐饰龙凤合玺彩画,富丽堂皇。

皇穹宇外景

皇穹宇围墙门上的琉璃彩画

大殿正中陈设"皇天上帝"神牌,青饰金书,满汉合璧,被供奉在金龙神龛内。龛前九级木阶梯,后护金龙屏风,下面石须弥座前有九级石阶。供案上设五供,即铜香炉一个、铜烛台两个、铜花瓶两个,花瓶内插有泥金木灵芝,寓意吉祥如意。"皇天上帝"神位两侧配位,设清朝皇帝列祖列宗神牌,左一龛是清太祖努尔哈赤神牌,右一龛是清太宗皇太极神牌,以下依次为顺治、康熙、雍正、乾隆、嘉庆、道光6位清朝皇帝的神位。这是按照清咸丰朝的历史原貌陈设的。

皇穹宇设有东西配庑各一座。东配庑供奉大明之神(太阳神)、北斗七星之神、木火土金水之神、二十八宿之神、周天星辰之神;西配庑供奉夜明之神(月神)、云师之神、雨师之神、风伯之神、雷师之神。大祀当日五鼓时分,这些从祀神位同皇穹宇正殿的皇天上帝、列祖列宗神位一同奉于龙亭之内,按正位在前、配位从位依次相随的顺序,由校尉抬至圜丘上安置妥当,等待皇帝驾到举行隆重的祭天大典。

皇穹宇正殿内的陈设

天坛神位分为正位、配位、从位。天地祖宗神位称"神版",以栗木制作;其他配祀、从祀神位称"神牌",以杂木制作。正位神版上书写"昊天上帝"(嘉靖九年更为"皇天上帝"),配位神牌上书写某祖某皇帝的谥号,均为金地蓝书。从祀神牌书写上也有差别,大明之神是金质砂书,夜明之神以黄地素书,星辰神牌俱用绿地金字,云、雨、风、雷神牌俱用丹漆金书。上帝位、配位设神席,用龙椅龙案,上铺锦缎。从祀位设置方形案,不设席。其等级差别,不言而喻。

回音壁

皇穹宇的围墙就是举世闻名的回音壁,又称"传声墙",建于清乾隆十五至十八年(1750—1753年)。回音壁使用的是山东临清城砖,磨砖对缝砌成。临清砖质地细密,敲之有声,断之无孔。关于回音壁的传说很多,大都附会皇帝是"真龙天子",并有传说乾隆皇帝阅视坛位时无意中发现了回音壁。

回音壁回音效果最好的地点是东西配庑的后面。

皇穹宇回音壁

两人分别站在东西配庑后,面向北对墙说话,即使声音很小,而且相距60多米,中间还有两座大殿相隔,对方也能听得清清楚楚,如同打电话一样清晰。

天坛回音壁与建于金大定十六年(1176年)的河南蛤蟆塔、约建于明宣德元年(1426年)前后的四川石琴、最终建成于明嘉靖四十三年(1564年)的山西莺莺塔,并称为中国四大古代声学建筑。同其他三处相比,天坛回音壁建成年代最晚,但却以声学现象众多、声学效果明显而位居四大古代声学建筑之首。

皇穹宇的三音石回声现象也很奇妙。站在皇穹宇正殿门外丹陛桥下甬道正中击掌,可以清楚地听到回声。尤其是在甬道自皇穹宇正数第三块石板上击掌,可以听到三声回声,故称"三音石"。而站在第一块石板上击掌,可以听到一声回声;站在第二块石板上击掌,可以听到两声回声。

三音石曾被命名为"人间私语,天闻若雷"的古迹,符合古代天、地、人三才的观念。这三块石头又被称做"三才石",第一块是"天石",第二块是"地石",第三块是"人石"。站在人石上说话,如果打开殿门,即使说话的声音很小,"皇天上帝"也能够听见。所谓"人间私语,天闻若雷",即寓意着人间的一言一行自有天神明察秋毫。

1951年,声学家汤镇元对天坛回音壁、三音石和圜丘天心石的声学现象进行了科学的测试,确认这是在一种特定条件下产生的声学现象：

"在回音壁中，A处发出的声波，沿着光滑的围墙依次在一、二、三、四、五、六等处发生反射，由于反射时能量损失很少，到B点时还具有足够的能量引起耳膜的震动，因而仍能听得很清楚。"

"三音石位于皇穹宇的台阶下第三块石头处，这里恰好是回音壁的中心，声音往返于围墙之间，经过中心时，人们就能听到三次甚至更多次的回声。"

"圜丘天心石位于圜丘中心，人站在天心石上讲话……四面八方的反射把能量送回来，并集中到台中心，于是使声音更强了。"

1995年5月，天坛公园管理处和黑龙江大学合作采用科学仪器对回音壁的声学现象进行测试时，又发现了"对话石"声学现象。"对话石"为皇穹宇院内神道从南往北数的第三块石板，站在此石板上，和距离30多米外的东配庑东北角（或西配庑西北角）的人进行对话，用普通音量即可交谈，即便是在环境十分嘈杂的情况下，彼此的声音仍然很清晰。

2.祈谷坛建筑群

祈谷坛是天坛的原始建筑，建成于明永乐十八年（1420年），初名天地坛。明嘉靖二十四年（1545年），改建为大享殿。清顺治二年（1645年），更名为祈谷坛。

祈谷坛位于内坛东北部、南北中轴线北端，是一座方形砖城。墙墙南北长190米，东西长160米，有高约4.5米的巨大砖石坛基。墙身砖砌，墙顶为绿琉璃筒瓦通脊。墙墙东西南三面各有三间拱券式砖砌门，均有绿琉璃筒瓦覆盖，南砖门为庑殿顶，东西砖门为歇山

祈谷坛全景

顶。墙墙北面有琉璃门三座,歇山顶蓝琉璃筒瓦,门北即皇乾殿。

整座祭坛上屋下坛,屋即祈年殿,坛即三层汉白玉圆台。坛高约5.2米,上层圆台直径约68米,中层直径约80米,下层直径约91米。三层圆台皆绕以石栏,上层石栏望柱饰以盘龙,螭首出水;中层望柱饰以凤纹,凤首出水;下层望柱饰以朵云,云纹出水。圆台南北各三出陛,东西各一出陛,每层出陛各九级。旧时三层台面皆墁金砖。南北向中陛间有三帧巨大的汉白玉石雕丹陛,上层龙纹,中层凤纹,下层山海云纹,雕刻精美,堪称石刻艺术珍品。

祈谷坛古建筑群主要包括祈年殿、皇乾殿、神厨院、宰牲亭、长廊、祈年门、砖门、丹陛桥等。

丹陛桥

成贞门北面的海墁大道,俗称"丹陛桥",是一条用城砖及白石砌成的连接圜丘和祈谷坛的轴线,长360米,宽30米。

天坛丹陛桥

丹陛桥高出地表,北端较南端又高出4.5米,这种北高南低的设计颇具匠心。丹陛桥北端是宏伟高大的祈年殿,高38米;南端是低缓开阔的圜丘,高仅6米。两组建筑高低悬殊,差别很大。而丹陛桥由低渐高,将两组建筑有机地结合起来,协调了两座建筑的高度及体量的差异。

圜丘北面的皇穹宇处于两座建筑之间,也进一步缓冲了圜丘和祈年殿的上述差异。皇穹宇的圆形围墙、回音壁北边的半弧形围墙,更是神来之笔。成贞门位于弧形墙正中,北接丹陛桥,南连圜丘,而圆形的皇穹宇正处在弧形墙的凹进位置。圜丘、皇穹宇、成贞门、祈年殿几组建筑由丹陛桥连缀,形成了最佳的空间组合。

一字形的丹陛桥,凸出的弧形墙,使得圜丘和祈年殿完美地结合在一起。踏上丹陛桥,渐次登高,两侧树木渐渐变得低矮,而远处的宫殿在天光下熠熠生辉。驻足于丹陛桥,远眺长路尽头巍峨壮美的祈年殿,顿感自身渺小,只渴望走近神殿,渴望灵魂得到升华。由建筑及植物营造的崇高氛围,令人叹为观止。

丹陛桥大道正中为神道,据说应是神行之道,正对着祈年殿南砖门。神道两侧为王道,神主与皇帝各行其道。丹陛桥两侧俗称"柴禾栏",明初时存放从祀神位,现绿草如茵,赏心悦目。

丹陛桥之所以称"桥",缘于地下有一条

横贯东西的隧道。这条隧道原是走祭祀用牲的通道。由于祈谷坛宰牲亭位于祈年殿东，而饲养祭祀用牲的牺牲所在西外坛，把牺牲所里的牲畜赶到宰牲亭要经过祈年殿前的神道。但按古代的祭祀礼制，活着的牲畜是不能踏上神道的，于是便建造地下通道解决了这一问题。这条隧道地面铺墁花岗岩，两壁砌以青石，晦暗潮湿，阴气袭人，令人不寒而栗。古时从这里走过的牲畜不出半日就会遭到宰杀，无一生还，因而这条隧道被称为"鬼门关"。

具服台

丹陛桥东侧，有一方形砖台，坐东朝西，台高近4米，面积约300平方米。台面原为细墁城砖，20世纪70年代改为水泥方砖。台的北、东、南三面，围以汉白玉石栏。明清大祀时，台上搭幄帐，以供皇帝更换祭服，故名具服台。

祈谷典礼在每年的正月上辛日，虽在立春之后，仍是寒冷之季。祭典在日出前七刻的时候举行，正是夜深之时，寒意更增几分。因此，具服台上的幄帐内设炭盆数个，点灯照明，还有暖床、龙椅和盥洗用品，称"小金殿"。皇帝在此更衣，将象征皇权的褚黄龙袍罩在蓝色祭服下，等待祭祀时刻的来临。

圜丘台南同样位置也有具服台，只是没有汉白玉石栏。

祈谷坛具服台

南砖门

丹陛桥北端即祈谷坛的南砖门,也是祈谷坛的正门。

南砖门为五间三孔拱券式庑殿顶宫门,除中间拱券稍大外,左右拱券大小不尽相同,左侧拱券略大,右侧拱券略小。左右拱券是皇帝祭天时出入祈谷坛所经之门,中间的门洞是神道,即神位行经之道,任何人都不能僭越,故拱券最大。

进入南砖门就是祈年门。

祈年门

祈年门为祈谷坛仪门,是天坛现存少数明代建筑之一。明初天地坛大祀殿时称大祀门。嘉靖二十四年(1545年),随着大祀殿更名大享殿而改称大享门。清

祈谷坛祈年门

乾隆十六年(1752年),大享殿更名祈年殿,大享门亦随之更名为祈年门。

祈年门面阔五间,四面坡庑殿顶,覆蓝色琉璃,饰以单翘单昂五踩斗拱,龙凤和玺彩画,金碧辉煌,庄重典雅。明间脊枋悬金龙透雕华带匾,青底金书"祈年门"。

祈年门东西两侧,延伸出一道蓝琉璃瓦顶、朱红墙身、青砖下碱的砖墙,与东西配庑连接。这道墙是明初时通向配庑的廊庑旧迹。

祈年殿

祈年殿是祈谷坛的主体建筑,也是天坛的标志性建筑。

祈年殿初建于明永乐十八年(1420年),当时为合祭天地的大祀殿。明嘉靖年间实行天地分祀后,大祀

祈年殿近景

殿被拆。嘉靖二十四年(1545年),在其原址上建成大享殿,用于每年秋季举行明堂大享礼,后用于举行祈谷大典。祈谷礼初定于每年孟春上辛日,后改在惊蛰举行。典礼规格仅次于冬至祭天大典,只是不设大明、夜明、风云雷雨、周天星宿等从祀神位,也不举行燔柴礼(此为祭天礼仪中独有)。清顺治二年(1645年),大享殿改名祈谷坛,并定于每年正月上辛日为民祈谷。顺治十七年(1660年),祈谷大典又增设燔柴礼。

清乾隆十六年(1751年),祈谷坛大享殿更名为祈年殿,并进行重修。乾隆十八年(1753年),祈年殿改造工程竣成,乾隆帝亲笔题写匾额,左为满文,右为汉字,俱书"祈年殿"。天坛建筑悉建于明朝,后清廷修缮各处,凡新书匾额,皆以满汉合璧。乾隆帝还作诗以记

其事,诗中有"申命秩宗稽古义,新题宝额号祈年"句,并述其心情"即事拈毫前后异,寸心虔敬始终同"。经过改造后的祈年殿,流金溢彩,更为壮丽。后来嘉庆朝、道光朝对之维护颇勤,又两度修缮。

清光绪十五年(1889年)八月二十四日,祈年殿遭到雷击,被大火烧毁,乾隆皇帝御书匾额也在大火中化为灰烬。清廷震怒,光绪帝将值守人员治罪,并下令重建。由于典籍和档案中均无祈年殿构造图及相关的文字记述,清工部于是召集诸多匠师商议研究,根据参加过祈年殿修建工程的工匠回忆,才完成了祈年殿的重建设计。光绪二十二年(1896年),重建工程告竣。

民国时期,祈谷典礼被废。1913年,祈年殿成为起草宪法会所。1923年颁布的《中华民国宪法》由此也称"天坛宪法"。当时的中华邮政总局还发行了以祈年殿图案为背景的宪法纪念邮票。1929年,北平坛庙事务管理所特将祈年殿西配殿辟为宪法陈列室。1935年,民国政府有关部门组织修缮祈年殿,著名建筑学家梁思成参与了修缮工程。

祈年殿为圆形三重檐攒尖木构建筑,殿高32米,三重檐尽以斗拱支架,覆蓝色琉璃。上重檐下南向悬挂九龙华带金匾,青底金书"祈年殿"。祈年殿有三层阶,白石台明,外檐十二根朱漆大柱,柱间砌有蓝色琉璃槛墙,槛墙上架三抹棱花门窗,皆红漆并饰镏金铜

叶,绘以龙纹,南向设棱花隔扇门。

　　祈年殿内有28根大柱,分为12根檐柱、12根金柱、4根龙井柱。檐柱、金柱俱朱漆,龙井柱柱身沥粉贴金,绘海水江涯西番莲纹。

　　相传祈年殿4根龙井柱象征春夏秋冬四季;12根金柱象征一年12个月;12根檐柱象征一天12个时辰;两层檐柱、金柱共24根象征24节气;加上4根龙井柱共28根大柱,象征周天28星宿。古人把观测到的恒星分为28组,通过这些恒星的出没和位置变换来判断季节的变化,以利于农业生产。28根大柱加上梁上的8根童柱,合计36根柱子,象征着36天罡(与长廊72地煞相对应)。祈年殿的这种设计,是古人重农思想的反映。

　　甲骨文的"年"字,很像一个侧面的人把一束成熟的稻谷举在头顶上,是表示收获的意思。甲骨卜辞中有不少关于"祈年"、"受黍年"的记载,表明中国远古时期就有祈年的祭祀活动。经过历代演变,逐步形成了封建王朝重要的国家礼仪制度——祭天祈谷大典,祈祷五谷丰登,风调雨顺。祈年殿就是清代举行祈谷大典的神殿。

　　祈年殿前身为大享殿,用于举办明堂大享礼,故为仿明堂建筑。传说黄帝曾建明堂,但并没有具体记载。而最早见于史籍的明堂是周武王所建,具有三大功能:一为天子布政,二为祭祀上帝,三为配祭祖先。明堂的建筑规制为"上圆下方,八窗四闼",据《白虎通》解释:"上圆法天,下方法地,八窗象八风,四闼法四时,九室法九洲,十二坐法十二月,三十六户法三十六雨,七十二牖法七十二风。"这同天坛祈年殿内柱子的象征性设计有着密切的渊源关系。

　　祈年殿内饰龙凤和玺彩画,金龙飞舞,彩凤翩翩,

祈年殿内景

祈年殿内龙凤藻井

典雅庄重，富丽堂皇。殿顶中央为龙凤藻井，藻井外形随祈年殿平面形状，上中下三层皆为圆形，层层收缩，叠落起来形成穹隆，斗拱凭榫铆支于圆穹内壁。金色的藻井正中为龙凤浮雕，高高凸起的龙头和凤首，栩栩如生的龙身和凤羽，衬托出了天宇的崇高。

　　大殿地面环状铺墁以青石，中心为一圆形大理

石，石上天然的墨色纹理勾画出一对龙凤，龙纹色深，角、须、爪、尾俱全，凤纹色浅，羽毛、头、尾隐约可见，故称"龙凤石"。它与大殿藻井上的龙凤遥相呼应，妙趣天成。

　　传说祈年殿藻井上最初只有龙，圆心石上只有凤，夜深人静时，龙就下来与凤嬉戏。不料有一次正嬉戏时，皇帝进殿拜天，龙来不及回到顶上，被皇帝往石

祈年殿前汉白玉丹陛的精美雕刻

上一跪,永久地压在石上,遂化作了美丽的龙凤石。

祈年殿是中国现存最大的圆形木结构古建筑,也是中国古代木构建筑的经典之作,被誉为建筑技术与艺术的完美结合。祈年殿28柱巧妙的数理变化,与中国古代农历年月日的时间概念相吻合,展现了古人独特的建筑理念和巧妙的建筑思维。祈年殿造型高大巍峨,庄重华美,蓝色殿瓦,金色宝顶,白色基石,加之万千古柏掩映,更显示出这座伟大的神殿至尊至圣的非凡气概。

皇乾殿

皇乾殿位于祈谷坛砖城的北端,是贮存祭祀神牌神版的殿宇。

皇乾殿最初建成于明永乐十八年十二月(1421年2月),时为天地坛天库。嘉靖二十四年(1545年)重建,改为皇乾殿,嘉靖帝亲题殿榜。清初以大享殿为祈谷坛,便以皇乾殿存贮皇天上帝神版。按礼仪规定,于祀前一日,皇帝亲至皇乾殿拈香行礼,巡视坛位及所需祭品。祭祀前一天的前半夜(乾隆时改为后半夜),礼部尚书太常寺卿还要在皇乾殿举行请神仪式,将神位放在龙亭里抬至祈年殿供奉;祈谷大典结束后,再将神位送回皇乾殿供奉。为了表示对皇天上帝的恭敬,逢初一、十五(称为朔望日),有太常寺奉祀官员到皇乾殿来上香扫尘。

整座大殿坐落在巨大的白石须弥座之上,石台绕以汉白玉石栏,南向三出陛,东西各一出陛,俱八级。皇乾殿为四面坡庑殿顶,蓝色琉璃,重昂五踩斗拱,前檐悬九龙华带金匾,青底金书"皇乾殿",传为明嘉靖皇帝御笔。大殿为五开间,面阔29.21米,进深10.5米,前檐明间设四抹棱花隔扇门,次间、梢间设棱花窗,后檐及山墙墙面涂红,下肩干摆青砖。

殿内正中石座雕镂精致,高逾1.57米,长6.7米,宽3.22米。石座阶九级,长1.59米,宽1.69米。上陈深色九龙屏风并青色神龛,龛中供奉皇天上帝神主;神位前设香案,上陈五供,即香炉一、烛台二、花插二,烛台上插红烛宝蜡,花插内插泥金木灵芝。殿内左右各有四石座,是供奉配祀神主之所,规制稍小于正位,高0.84

皇乾殿外景

米,长23.8米,宽9.1米。石座阶五级,长0.8米,宽7.7米。神龛、香案规格也比正位略小,以示尊卑。

皇乾殿单独设垣,垣内地面城砖铺墁,南向、西向设门。南门三座,俱砖座琉璃门,歇山顶蓝瓦,琉璃彩画,门上有簪,门面饰兽面和门钉,沥以金。旧时祀前一日,皇帝到皇乾殿上香,出入皆经南门。清乾隆四十六年(1781年),在皇乾殿西垣又辟一门,为西角门,门制和南门相同,惟规模稍小。西角门外有砖基月台,与祈谷坛砖城相连。月台西向有砖砌礓磜,通往西柏林舆路。

1990年,皇乾殿按清代

皇乾殿内配位陈设

咸丰朝历史原貌进行了恢复。殿内正中陈设"皇天上帝"神位,青饰金书,满汉合璧,供奉在金龙神龛内。龛前九级木阶,后护雕金龙屏风,下面石台须弥座。须弥座南出阶,为九级石阶。须弥座前设供案,供案上设五供。"皇天上帝"神位两侧是咸丰皇帝列祖列宗的牌位,称配位,供奉在龛内。后护金龙屏风,形制比"皇天上帝"后护屏风略小。左一龛是清太祖努尔哈赤,右一龛是清太宗皇太极;左二龛是清世祖福临,右二龛是清圣祖玄烨;左三龛是清世宗胤禛,右三龛是清高宗弘历;左四龛是清仁宗颙琰,右四龛是清宣宗旻宁。安放牌位按照昭穆制度,单数为昭,双数为穆。

长廊

长廊是明清时期运送祭祀供品的通道,为天坛原始建筑。始建于明永乐十八年(1420年),仿南京天地坛旧制而建,初设75间。清乾隆十七年(1752年)改建后,易为72间。旧时长廊有亮窗及设槛墙,式如房舍,故也称"七十二连房"。

长廊位于祈谷坛之东,呈曲尺形,连缀着祈谷坛东砖门与神厨院及宰牲亭。古代礼仪规定,杀牲地点(宰牲房)应距祭坛200步以外。为了使供品不被雨雪风沙所污,便建造了这座曲折长廊,起点为祈谷坛东砖门,中间为神厨,终点即宰牲亭。宰杀后的牲畜经长廊送往神厨,祭祀为当日

夜半时,又将神厨制作的供品经长廊送至祭坛。廊内隔不远即设插灯,以备照明。因是往祭坛送供品,长廊又被称为"供菜廊子"。

长廊蜿蜒于柏树林之中,长273米,连檐通脊,饰雅伍墨旋子彩画,廊柱间设红漆硬膛坐凳。自神厨院至宰牲亭段长廊32间,后檐封以砖墙,上辟什锦窗。该段长廊墁地为红色水磨石,其余廊地为水泥方砖。

1937年,民国政府有关部门将七十二连房辟为游廊,并兴工改造,将亮窗槛窗拆除,添加座凳,以利游人。改造中曾特地保留了两间旧廊,让游客得以见识昔日长廊的原貌。

神厨院

神厨院位于祈谷坛东,长廊迤北,是明清时举行视笾豆仪式之所,院中有神库殿、神厨殿及甘泉井。神厨院为三合院,北为神库殿,东西为神厨殿,院门在南,与七十二连房相通。环诸殿有砖垣,垣不高但墙身涂红,顶覆绿瓦,周正端庄,影绰于翠柏浓荫之中。

神库殿是神厨院的正殿,坐北朝南,崇基,悬山绿

天坛长廊

祈谷坛神厨院门

琉璃瓦顶，五花山墙。殿为五开间，面阔30.9米，进深三间12.3米。明间南向有落地菱花隔扇，前设垂带踏跺，次梢间皆双交方格隔扇窗，后檐粉墙，下肩青砖，水泥墁地。旧时设笾豆案于殿内。祀前之日，皇帝或亲至或遣官至神库殿视笾豆。

　　神厨殿是神厨院的东西殿，为制作供品之所。明初仅有东殿，嘉靖年间又增建西殿。两殿俱崇基悬山五花山墙。神厨殿东殿比正殿稍阔，西殿比正殿稍狭，两殿后檐皆开有亮窗，其余建筑规制皆与正殿相同。

　　神厨殿东殿前有一古井，上覆以亭，为绿琉璃瓦六角盝顶亭，井口氍白石，竖以井架，井深逾10米。旧时井水甘冽，被称为"甘泉井"，祭祀时即用此井水调制羹汤。清人王士禛有竹枝词记甘泉井："京师土脉少甘泉，顾渚春芽枉费煎，只有天坛石氍好，清波一勺卖千钱。"

　　神厨院中植有松柏多株，葱郁青翠，树荫满庭。院

祈谷坛神厨殿外景

中余地皆墁以城砖,甚为规整。

民国以来,神厨院或被空置,或被挪作他用。直至1993年,天坛管理部门对神厨院各殿进行全面修缮,并拆除了院中各项杂建,亮出了甘泉井,神厨院才开始展现其昔日建筑景观。

宰牲亭

宰牲亭在祈谷坛之东,位于长廊尽头,是准备祭祀用牲的地方。旧时因祭祀用牲不得用刀屠宰,只能以木器击杀,故宰牲亭也称"打牲亭"。

宰牲亭是一座重檐歇山大殿,外环砖垣,东向、南向设门,院中有井亭,地以砖铺墁。宰牲亭崇基,斗拱支架,饰旋子彩画,面阔5间,进深3间,明间、次间南向设隔扇门,梢间建槛窗,东西山墙辟亮窗。殿前设月台,月台之右有过厅,为悬山卷棚式建筑,与长廊相连。月台之前有石井,为祭祀时汲水之处,上覆六角盝顶井亭。

宰牲亭东垣辟有砖门,门外有白皮松、碧桃、合欢诸种花木。其前旧有古井,传为洗涤祭祀用牲之处。20世纪80年代中期尚有遗石,今已无可辨识。

祈谷坛门

祈谷坛门即今天坛公园西大门,位于天坛西外坛墙北段,永定门内大街路东。

祈谷坛门始建于明永乐十八年(1420年),初为天地坛门。后圜丘建成,其为郊坛门。清初,祭祀圜丘及祈谷坛都经此门出入。乾隆十七年(1752年)另辟圜丘坛门后,祭祀圜丘自新南门入,祭祈谷坛仍自此门入,于是便更名为祈谷坛门。

祈谷坛门为砖座三洞拱券建筑,东西向,歇山顶

调大脊,黑瓦绿剪边。面阔三间,宽22.70米,进深5.25米。中门洞门扇高5.96米,门洞宽5.1米;侧门洞门扇高5.72米,门洞宽4.3米。中门洞条石地面,侧门洞墁砖地面。门基为砖座,台明砌以石,内外出礓磋,接舆路。

3.斋宫建筑群

斋宫是明清两代皇帝祭祀前在天坛内举行斋戒仪式的宫殿,位于圜丘坛北面、成贞门外西北,东距丹陛桥约500米。

斋宫作为皇帝祭祀斋戒时的专用建筑,其固定的宫殿和一定的形制是在明代才有的。洪武二年(1369年),明太祖朱元璋下诏建斋宫于圜丘之侧。是年五月,斋宫建成,前后皆为殿,左右小殿为庖厨之所。洪武十一年(1378年),建南京大祀殿,同时建斋宫。永乐年间迁都北京时,因袭旧制,也在北京如制造斋宫。

天坛斋宫是一座"回"字形宫城式建筑,有内外两

天坛斋宫鸟瞰

斋宫河廊

重宫墙、两道御河。外围墙东墙正中有三座宫门,为砖作垂脊拱券式宫门。宫门下承以汉白玉石座,面阔约15.3米,进深约6.7米。宫门前有汉白玉石桥一座,与二重宫门相对。南门、北门各一座宫门,但不与内墙门相对。内墙门偏东,门前也各有汉白玉石桥一座。外重宫墙内四隅各有5间平地角房,为侍卫休息之所。

斋宫外城河宽约11.9米,深约6.5米。河上东向及南北向架有汉白玉石拱桥。沿河有河廊,廊柱依河岸排列,顺宫墙为一面坡顶,覆以筒瓦,河廊四围共计为163间。内城河宽约8.5米,深同外河,但沿河不设河廊,惟筑高墙。高墙绿瓦朱壁,青砖下肩,墙内即是斋宫内宫城。清代时因天坛已圈入北京外城,斋宫御河的防护作用尽失,于是填西部御河建成寝宫,内城河仅存

东南北三面。

斋宫坐西向东,面向祭坛,殿顶均覆以绿琉璃瓦,总面积4万平方米,内有228间房屋,宛如一座小皇城。周围密植柏树,石甬路穿过柏树林与舆道相通。皇帝在斋宫斋戒时,京城的文武百官要陪同斋戒,并在斋宫轮值,随驾的侍卫沿河廊守护,戒备森严。

清乾隆皇帝曾在斋宫留下不少诗句。"守德由来胜守险,当年何事堑防门",意为奉行德政远比建筑险要工事高明得多,表现了盛世君主的自信。"象烟微袅心如水,寂静阶墀尽太清",是斋宫宁静端庄的写照。正是在这种静谧的气氛中,皇帝虔诚地等待着祭天时刻的来临。

斋宫庭院极广,昔年院内外极少树木,惟寝宫院内有松柏数株,傲岸于绿瓦红墙间。1917年清明,正值

民国第一个植树节,总统黎元洪率阁僚在斋宫东门外植树。国会两院议员群起响应,于斋宫之东、之北大量植树,遂成柏林。中华人民共和国成立后,又于斋宫园内遍植林木,品种颇多。现在的斋宫已是满目青翠。

斋宫古建筑群主要包括寝宫、无梁殿、钟楼、值房、膳房、河廊等。

无梁殿

无梁殿是斋宫正殿,位于斋宫内宫城正中位置。由于采用砖拱券结构,无梁无柱,不施一木,故称"无梁殿",也叫"无量殿"。虽不用木材,但其建筑外观却与木结构建筑别无二致,宽敞高大,壮丽非凡,清乾隆皇帝称之"翠殿崔巍"。

在明代及清代前期,无梁殿一直是皇帝斋戒时居住之所。清雍正九年(1731年),在紫禁城中另建了一座斋宫,每临祭期,雍正皇帝就在此斋宿。后乾隆皇帝认为,祭天还是应于郊坛斋戒,便于乾隆七年(1742年)重修天坛斋宫,填内御河一段拓地建寝宫,设寝殿、配殿、回廊。从此,每到斋期,皇帝在紫禁城斋宫斋居二日,祭前一日再到天坛斋居,居于寝宫,无梁殿遂成皇帝会见阁僚及百官候驾之所。

无梁殿坐西向东,庑殿顶,红墙绿瓦,青砖下碱,白石须弥座殿基,五踩斗拱,整座大殿饰旋子彩画。殿面阔七间,宽46.8米,进深17.6米。两尽间为假间,五间

斋宫无梁殿外景

俱拱券,东向设隔扇门。

　　无梁殿明间穹顶高8米,地墁金砖,墙涂粉壁,正中陈皇帝宝座,其后有七扇紫檀樱木屏风,浮雕山水人物。屏风上高悬巨匾,榜书"钦若昊天",语出《尚书·尧典》。原匾为乾隆七年(1742年)冬至日乾隆皇帝亲笔书写,民国初年匾被取下收存,后竟不知所终。现在悬挂的匾为1985年仿乾隆御笔复制之物,颇为形似。

斋宫无梁殿内皇帝宝座及屏风

　　无梁殿次间、梢间规制与明间同,只是稍狭,穹顶高7米。五间大殿之间隔墙很厚,约1米,各间后部有通道相连。昔年通道前有木隔扇,今隔扇尽失,惟拱券依然。次间、梢间是皇帝斋戒期间扈从御前大臣的侍候之所。这些大臣分两班轮值,一班在无梁殿值守,一班去西天门外值房休息。

　　无梁殿前有月台,与殿基相连,月台面阔15.36米,进深7.36米。台上有铜人亭、时辰亭,俱为石作。月台东向及南北向各一出陛。东向出陛13级台阶,阶中御路浮雕海水云气。南北出陛各15级台阶。环台护以汉白玉围栏,有出水螭首。

　　铜人亭方广不足2.5米,高逾3米,宝顶四合脊。亭内有石座,昔时祭祀前设铜人于

斋宫无梁殿前铜人亭

此。铜人手持斋戒牌,以警示皇帝诚心斋戒,此亭因而也称"斋戒铜人亭"。

铜人之制源于明洪武三年(1370年)甲申祭享太庙时,当时朱元璋为警戒自身疏忽,命制铜人以示警。明代铜人高0.48米,手执简书曰"斋戒三日"。清沿明制,进铜人礼愈加繁复冗长。皇帝起驾御斋宫后,太常寺官员到紫禁城乾清门,于黄案前行一跪三叩礼毕,恭奉斋戒牌、铜人于斋宫前亭内正中,铜人南向。祀日礼成后,太常寺官员再恭撤斋戒铜人,敬贮匣内,送缴寺库。

时辰亭在铜人亭之南,高逾2米,面阔0.6米,进深0.6米,形如宫室,为存放时辰牌之用。时辰亭又称"奏事亭",为大典前太常寺及钦天监官员奏报时辰、请驾诣坛所用,届时由上述官员将祀日时辰奏折呈送亭内,再由执事人员转呈皇帝。

无梁殿后左右有随事房、首领太监值守房各三间,皆硬山卷棚,灰筒瓦。随事房前有古井,深十多米,今已枯竭。无梁殿后有垂花门,穿垂花门即入寝宫。

垂花门坐西朝东,高2.36米,面阔4.8米,进深5.25米。台基长5.25米,宽4.8米,高0.3米,方砖满地。前殿后卷勾连搭,覆绿琉璃筒瓦,左右垂花头,双扇平面门,门簪无字,下坎石窝万字纹门鼓。门饰朱红,檩架全饰旋子彩画。后部檐柱金柱均为方形绿色,柱间有座凳栏杆。后檐四扇屏风门,门扇绿色点金无斗方,前后垂带踏跺各三级,左右如意台基亦各三级。

寝殿

寝殿居寝宫正中,迎垂花门而设,为硬山调大脊建筑。五间崇基,殿前原有廊,廊下槛墙明窗,阳光可直贯室内。清高宗诗中即有"斋殿南厢十笏居,明窗坐

斋宫寝殿外景

斋宫寝殿内景

觉体安舒";清仁宗诗中也有"窗绚春晖暖气盈"句。寝殿左右原有配殿,有廊庑相通。

清嘉庆十二年(1807年)祀典前夕,寝宫不慎失火,寝殿及配殿俱为火毁。经查系由熏炕所致。此后皇帝下旨,所有坛庙熏炕永远停止;并在斋宫内围墙外西北、西南两角各建值房两间,由苑丞、苑副率园户20人,分两班轮流值宿。寝宫重建时不再设廊庑,左右配殿也一并停建,只新建寝殿仍从旧制。

寝殿为五开间。明间设宝座,即皇帝坐榻。上悬联:"克践厥猷聪听祖考之彝训,无敢康事先知稼穑之艰难",横批"庄敬日强",将中国古代祭天重农尊祖的两大特点包容其间。次间是皇帝读书之所,书案上陈文房四宝、线装书籍。嘉庆皇帝有"瓣香斋室诵诗册"、"斋宫退思万几简,敬诵天章警寸心"诗句。

寝殿梢间有碧纱橱,内设卧榻。南梢间是祭祀圜丘时皇帝就寝之处,北梢间为祭祀祈谷坛时皇帝就寝

之处。今北梢间前檐尚有灶孔,为昔年熏炕烧火遗迹。

寝殿左右为点心房、茶果局,各五间,俱硬山卷棚顶。寝殿之后有阿哥房,为亲王斋居之所。今茶果局、点心房皆倾圮,迹近杳然,原址竹木青翠,满庭阴凉。

钟楼

钟楼位于内宫墙外东北角,坐北朝南,上覆绿色琉璃瓦,七檩,重檐歇山成造,四面各设拱券门。钟楼内悬永乐年间制太和钟,后世称之为"永乐大钟"。

太和钟为祭祀郊庙礼器之一。明洪武六年(1373年),仿宋景钟铸造,其制以九九为数,高2.59米,拱以九龙柱,以龙簴建钟楼于南京圜丘斋宫之东北。洪武十七年(1348年),曾改铸此钟,减其尺寸十之四。

明永乐十八年(1420年)建北京天地坛时,也在斋宫建钟楼,悬太和钟。钟通高2.8米,厚0.1米,直径为1.55米,上镌"大明永乐年　月　吉日制"字样。钟纽饰海水流云纹。钟体致密坚固,钟声浑厚有力。今每逢新年,都鸣钟致庆。

清乾隆十九年(1754年),在圜丘门内又另建一座钟楼,为圜丘钟楼。内悬圜丘钟,高2.08米,厚0.1米,面径1.57米,口圆4.8米,纽高0.48米,上镌"大清乾隆年造"字样。圜丘钟楼于1958年被拆除,圜丘钟现移存于斋宫钟楼内。

斋宫钟楼

4. 神乐署建筑群

神乐署坐落于天坛西二道坛门外，是当时专门培养祭祀乐舞生和演礼陈乐的场所。建于明永乐年间（1403—1424年），初名神乐观。由于乐舞生多由道士充任，所以又称"天坛道院"。清乾隆八年（1743年）改为神乐所，乾隆十九年（1754年）改为神乐署。

神乐署作为当时祭祀礼乐的管理机构和中和韶乐的教育学府，其范围涵盖音乐、舞蹈、乐器、乐章的教习演练等多方面内容。明嘉靖年间是其鼎盛时期，当时神乐观中有2200多名乐舞生，北京各个坛庙祭祀乐舞生全部由神乐观道士充任。举行大典前，所有参加典礼人员均要在神乐观接受培训及演练。

清朝初期，神乐观繁荣依旧，有数千名道士。他们不仅充任祭祀乐舞生，还在观中开设酒肆茶坊，种植奇花异卉。神乐观游客云集，热闹非凡，以致天坛庄严尽失，最终遭到清廷的制裁。乾隆皇帝降谕对神乐观实行严格的管理，驱逐观中道士，所留人员禁止从事道教活动，并先后将神乐观改为神乐所、神乐署，乐舞生也改为从八旗俊秀子弟中选拔人员充任。

神乐署古建筑群主要包括凝禧殿、显佑殿、廊庑、署门、关帝庙等。

凝禧殿

凝禧殿是神乐署前殿，也是正殿。明代时名为太和殿，清康熙十二年（1673年）改为凝禧殿。明清时期，凝禧殿用于陈设中和韶乐乐器及演习礼乐。

凝禧殿高5.6米，面阔37米，进深19米，总面积约

神乐署凝禧殿

700平方米。大殿五开间,歇山顶,削割瓦,三踩斗拱,崇基三出陛,各六级。殿内两山墙上绘有古代礼仪图,明间悬巨匾,蓝地金书"玉振金声",为清乾隆皇帝御笔。

殿前有月台。台前有明弘治年、清康熙年、雍正年的神乐观、神乐署修缮碑。

显佑殿

显佑殿在凝禧殿后,为神乐署后殿,是乐舞生祭

神乐署显佑殿

神乐署琴室展厅

祀北方玄武大帝之所。明代初称玄武殿，明末改为显佑殿。

显佑殿高5米，面宽40米，进深15米，面积约585平方米。悬山顶，削割瓦调大脊，面阔七间，进深三间，外檐旋子彩画，内檐彩画色彩斑驳俏丽。

显佑殿前有两座焚香炉，南北相对，均高不足3米，宽2米余，歇山顶，砖作，旋子雕刻，制作极精美，为祭祀玄武大帝焚烧供品之处。

显佑殿后为袍服库，用于存放大典执事及乐舞生穿用的服装。

凝禧殿、显佑殿两殿左右有廊庑，连檐通脊，周环44间。

其中典礼署、奉祀堂为典礼、奉祀办公之处，通赞房、恪恭堂、正伦堂、侯公堂、穆佾所、掌乐房、协律堂、教师堂、伶伦堂、昭佾所是神乐署乐师教习乐舞生的地方，真官殿为乐舞生奉祀祖师爷之处。

1900年八国联军入侵北京，强占神乐署，设为兵站，署中人员遭到驱逐，神乐署从此衰败。民国以后，神乐署长期被挪作他用。2002年，北京市政府拨出专款进行修缮，2004年修缮工程竣工，神乐署被辟为中国古代皇家音乐展馆，专门展出中国古代乐器，并演出中国祭天古乐——中和韶乐。

神乐署乐律室展厅

祭天源于原始先民对自然现象的崇拜。经过几千年的演变，祭天由简单的行礼膜拜发展为隆重的国家大典，成为中国古代一项非常繁缛的礼仪活动。自西周以降，中国历史上的各个王朝都建祭坛以祭天，许多皇帝都曾亲自参加祭天的典礼活动。天坛就是明清两朝皇帝举行祭天大典的场所，自1420年天坛建成至1912年清王朝瓦解，580余年间共有22位皇帝亲赴天坛参加祭天的盛典。

1.天坛祭天礼仪

明朝初年，朱元璋即主持制定了明朝的祭祀礼制，规定每年定期举办祭天活动。永乐十八年（1420年），北京天地坛建成。次年，永乐皇帝第一次在新建的天地坛大祀殿举行了隆重的天地合祀大典。此后百余年间，有9位明朝皇帝在天地坛举行了102次天地合祀大典。嘉靖九年（1530年），实行天地分祀，在大祀殿南营建了专用于祭天的圜丘，并将天地坛改称为天坛。从那以后，每年的冬至，明朝皇帝或亲自或派遣亲信大臣赴圜丘祭祀皇天上帝，国家有重大活动亦在圜丘举行告祭。皇帝亲祭或大臣恭代行礼均设仪仗，演奏中和韶乐，用以表达对皇天上帝的崇拜和尊重。

清朝承袭了中国古代祭天礼制，规定以每年的冬至日举行祭天大典，历代皇帝均坚持亲诣行礼。康熙皇帝在位61载，冬至亲祭43次，因有事或有病不能亲祭时还要派遣官员恭行代祭。到乾隆时期，祭天礼仪更臻完备，祀典仪程越发周密，规模更为宏大；并将求雨的雩祀定为常祀，每年

天坛祭天礼仪馆

孟夏（夏季的第一个月）在天坛圜丘行常雩礼，如久旱不雨还将行仲夏大雩礼。乾隆皇帝在位的60年中，亲自到圜丘行礼59次，到祈谷坛行礼58次，孟夏到圜丘行常雩礼38次，躬亲祭天次数超过历代帝王，典礼的繁琐隆重也非前代可比。为了表示虔诚，他还时常从紫禁城步行至天坛举行祭典。乾隆以后的各代皇帝都严格遵循这些祭天礼仪，每年孟春、冬至均到天坛祈年殿、圜丘举行祈谷及祭天大典。

明清时期，天坛祭天典礼包括春正月天地合祀、春正月祈谷大祀、孟夏常雩大祀、仲夏大雩大祀、冬至

1914年袁世凯在天坛圜丘举行祭天大典

祭天大祀，又有升配、告祭等活动。祭天典礼都由礼部主持，吏、户、礼、兵、刑、工各部及太常寺、光禄寺、鸿庐寺、钦天监、奉宸苑、内务府等部门参与筹备。若皇帝亲祭，众多的王公大臣还要陪同祭祀。

按照明清两朝祀典规定，祭天典礼包括择吉日、题请、涤牲、省牲、演礼、斋戒、上香、视笾豆、视牲、行礼、庆成等多项仪程，过程冗长，礼仪繁缛，耗费极大的人力物力。中国古代帝王就是用糜费之巨大、声势之显赫来表达"礼莫大于敬天"的政治理念。

1914年12月23日，当时担任民国大总统的袁世凯携政府官员在天坛圜丘举行了中国历史上最后一次祭天大典。袁世凯死后，民国政府停止举行祭天典礼，绵延中国历史长达3000多年的国家祭祀制度也就此终止。

天地合祀

中国古人认为，昊天上帝和后土皇地祇共同主宰世界，故"父天母地"，每年都要举行祭祀天地的典礼。西汉元始年间（公元1—5年），王莽奏请汉平帝改天地分祀为合祀，定每年正月上辛日于长安南郊举行天地合祀大典，祭祀昊天上帝及后土皇地祇。以后，东汉、隋、唐、宋、元及明朝前期皆实行天地合祀。

明永乐十九年（1421年）迁都北京后，天地合祀大典即在北京天地坛大祀殿举行。正祭前两日，太常寺官奏请与光禄司官一同省牲。省牲毕，所有祭祀用牲送往宰牲亭制作。次日，两官一同向皇帝

斋戒铜人，位于天坛斋宫铜人亭

复命，同时奏定分献官24人。

正祭日吉时，斋宫鸣钟，皇帝出斋宫东门前往具服殿（具服台上搭建的帐篷）更衣。燔柴炉举火，皇帝更衣后即前往祭坛。

典仪唱"乐舞生就位"，执事官各司其事，陪祀官、分献官各自就位。导引官引皇帝至御位，内赞奏"就位"，典仪唱"燔柴、瘗毛血"，燔柴炉旁侍立的燎工即将犊牛置于燔柴炉上，执事人员瘗毛血。

典仪唱"迎神"，协律郎举麾奏乐，皇帝四拜，百官随同四拜，乐止。

典仪唱"奠玉帛"，皇帝至昊天上帝神位前，执事官以玉、帛跪晋于皇帝右（玉用苍璧，帛用郊祀制帛），皇帝奠献。随后，皇帝向后土皇地祇神位、太祖高皇帝神位献礼，完毕后复位，乐止。

典仪唱"进俎"，奏乐，斋郎升馔至，皇帝至昊天上帝神位前。随后，皇帝向后土皇地祇神位、太祖高皇帝神位献礼，完毕后复位，乐止。

典仪唱"行初献礼"，皇帝至昊天上帝神位前，执事官以爵跪晋于皇帝右，皇帝献爵。随后，皇帝向后土皇地祇神位、太祖高皇帝神位献礼，完毕后复位，乐止。

内赞奏"读祝"，乐止，读祝官取祝版跪于神位右，读祝文。读毕，乐作，皇帝跪拜，百官同拜。

随后行亚献礼、终献礼。太常卿唱"赐福胙"，皇帝诣饮福位跪，光禄司官以福酒跪晋，奏"饮福酒"；光禄司官以胙跪晋，奏"受胙"，皇帝跪拜，复位（百官同）。

典仪唱"撤馔"，奏乐，执事官各坛（从祀的岳、镇、海、渎、风云雷雨、山

川、太岁等坛)撤馔,乐止。

典仪唱"送神",奏乐,皇帝四拜,百官同。乐止,读祝官捧祝、进帛官捧帛、掌祭官捧馔各诣燎瘗位。奏乐,执事官各执祝帛馔出,内赞奏"礼毕",整个大典结束。

皇帝在昊天上帝、后土皇地祇、太祖位前行礼时,各分献官也在各自分献的神位前行礼。行初献礼,赞引引分献官到神位前,缙笏,执事官以帛晋于分献官,分献官奠帛;执事官以爵晋于分献官,赞引引分献官至酒尊南,北向立献爵;行亚献礼,执事官以爵晋于分献官,分献官献爵;终献礼仪同亚献礼。赞引引分献官复位,撤馔,执事官撤馔,分别执帛馔到燎所,分献官俱听候典仪官唱赞行礼。行礼毕,随皇帝离坛。

清顺治十七年(1660年)二月,顺治皇帝曾恢复天地日月诸神合祀大典。当年四月己酉,顺治帝亲率文武百官到天坛大享殿,恭祭皇天上帝、后土皇地祇、大

圜丘供品廊遗址

明之神、夜明之神、风、云、雷、雨及周天星辰,其礼仪与明代相同。顺治十八年(1661年)一月,顺治帝病故,清廷旋以天地合祀大典非古制,诏令废除。

冬至大祀

冬至,又称"长至"。中国古人认为,"日冬至则一阴下藏,一阳上舒",即所谓"一阳资始"。西周初年,周公辅成王,制礼作乐,规定"冬至日祭天于地上之圜丘"。从此,中国古代许多朝代都以冬至日为大祀吉期,举行祭天大典。

明朝建立之初,朱元璋曾实行天地分祀,定冬至日祀昊天上帝,后改行合祀。到嘉靖九年(1530年),又恢复天地分祀。是年冬至日,嘉靖皇帝亲率百官在新建的圜丘举行祭天大典,奉明太祖朱元璋配享,并以岳、镇、海、渎、大明、夜明、风、云、雷、雨诸神从祀。嘉靖十七年(1538年),嘉靖皇帝易昊天上帝名号为皇天上帝,由此奠定了天坛冬至大祀制度。

明朝冬至祀天仪程为先期散斋四日,致斋三日。祀前两日,皇帝亲自或遣官省牲。

大祀日,皇帝诣坛就位,举燔柴,奏中和韶乐。皇帝晋圭,盥手,脱手,出圭,升坛,拜祭皇天上帝,奠玉帛,典俎,行三献礼,舞八佾。读祝官宣读祝文,酌醴齐,皇帝饮福受胙。之后撤馔官撤笾豆,赞礼官唱

皇天上帝神牌

"送神"，中和韶乐奏"安和之曲"，皇帝拜退，降坛。太常寺卿再唱"赞礼"，皇帝再次升坛，拜祭配祀神主，分献官拜祭从祀神主，仍行三献礼。礼毕，皇帝率百官至望燎位，行望燎礼。

清朝沿袭明代天地分祀制度。顺治皇帝规定，历代先帝皆配享于圜丘，故清前期每位大行皇帝神位都陈设于圜丘。道光三十年（1850年），道光皇帝临终遗命罢增配享。继位的咸丰皇帝会集群臣商议后，仍奉道光皇帝配享，但规定日后配享为三祖五宗。自此，圜丘祭祀一直设

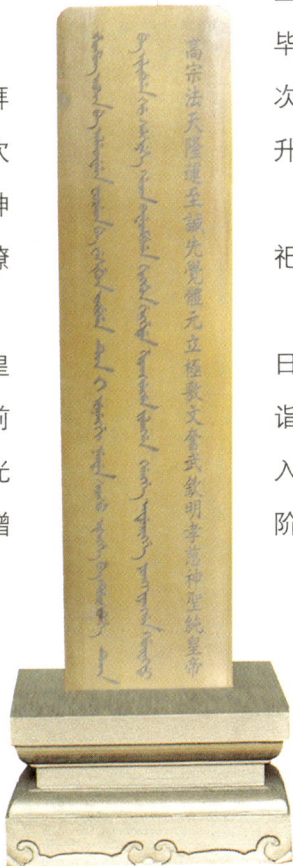
康熙皇帝神牌

八个配位，即清高祖、太祖、世祖、圣祖、世宗、高宗、文宗、宣宗。

清朝冬至祭祀仪程与明朝大致相同。先期一月，皇帝或亲往或遣官赴牺牲所祭祀牺牲之神、省牲，乐舞生、执事及百官演礼于凝禧殿。祀前三日，皇帝着祭服，备醴、酒、果至太庙请神主，太常寺进铜人，百官誓戒；皇帝阅祝版于中和殿或乾清门后，于紫禁城内斋宫斋戒。祀前一日，皇帝诣坛，至皇穹宇上香，至神库视笾豆，至神厨视牲。

大祀日，日出前七刻，皇帝诣坛，至幄次更换祭服，进左棂星门，至拜位，典仪唱赞，举燔柴，中和韶乐奏"始平之章"。皇帝升坛，上香，奠玉帛，晋俎，晋爵，行三献礼（初献、亚献、终献），乐舞生舞文德舞、武功舞。三献毕，读祝官宣读祝文，皇帝饮福受胙，撤馔，皇帝拜退。赞礼官再唱赞，皇帝再升坛，依次拜祭配位神主，行三献礼，分献官诣从位，依次拜祭。礼毕，皇帝率百官诣望燎位，行望燎礼，还幄次。皇帝更衣毕，赞引官、对引官恭导皇帝至升辇处，升辇还宫。

乾隆四十四年（1779年），乾隆皇帝亲诣祀天，又加派皇子行奠帛、晋俎、献爵礼。

乾隆六十年（1795年）规定，冬至前一日，皇太子随皇帝诣皇穹宇门外行礼。皇帝诣皇穹宇拈香时，皇太子随皇帝升阶；皇帝入皇穹宇殿内拈香行礼，皇太子在殿门槛外阶上，随皇帝行礼（用金黄缎拜褥）。

祈谷大典

祈谷典礼是古代祈求五谷丰收的祭典。

明朝初期，未设祈谷礼。直至嘉靖九年（1530年），才决定在天地坛大祀殿

举行祈谷大典。次年正月辛卯，嘉靖皇帝亲率百官莅大祀殿举行祈谷大典，祭祀昊天上帝，以明太祖、明太宗神位配享。祀后，嘉靖皇帝规定，祈谷大典配享仅设明太祖代其神位，陈设帛减十一，设从坛，不燔柴，且以惊蛰日为祭日。嘉靖十一年(1532年)惊蛰，嘉靖皇帝遣武定侯郭勋在天坛举行祈谷大典，以后祈谷皆遣官恭代行礼。嘉靖十八年(1539年)，祈谷礼改于宫内玄极殿举行，并且不再设配位。隆庆元年(1567年)，祈谷大典停止举行。至崇祯十三年(1640年)，又定祈谷为大祀，仍在圜丘举行。崇祯十四年(1641年)正月，崇祯皇帝亲率百官到天坛圜丘，按嘉靖礼制举行了祈谷大典，次年复又举行。

明代祈谷大典仪程规定：祀前五日，皇帝亲自或遣官到天坛牺牲所视牲，先期告庙及从郊坛回宫参拜太庙；次日以后，皇帝命大臣轮视牺牲所牺牲，然后复命。祀前四日，太常寺奏请祭祀，命百官斋戒三日；皇帝告请太庙，拜谒太祖。祀前三日，皇帝诣太庙请太祖神位，以脯醢酒果，行再拜一献礼。祀前两日，太常卿同光禄卿奏省牲。祀前一日，皇帝亲填祈谷祝版于文华殿，然后告于太庙；当天夜二鼓时，礼部尚书到天坛皇穹宇上香，侍郎导引太常卿捧请神版奉安于坛位。

正祭日，皇帝常服乘礼舆，摆卤簿至天坛内坛昭亨门右。皇帝降舆，导引官导上至大次。皇帝换具祭服，由圜丘棂星左门入，至陛上行祭礼。明代祈谷大典礼仪与冬至大祀礼仪相同。

清代承袭了明代祈谷礼制，清顺治二年(1645年)，清廷定祈谷为大祀，改天坛大享殿为祈谷坛，规定每年正月上辛日祀皇天上帝，为民祈谷，皇帝亲诣行礼。祈谷礼仪与冬至大祀相同，惟不设从坛，最初不

镟炉，祭祀礼器，陈设于祈年殿前

举行望燎礼。顺治十七年(1660年),建燔柴炉于祈谷门东南,此后祈谷大典增举燔柴,行望燎礼。乾隆十五年(1740年),祈谷坛大享殿改为祈年殿。

清代祈谷大典仪程同冬至大祀大致相同,先期演礼、视牲看牲、恭进铜人、斋戒陪祀皆遵循祭天通例。祀典举行之前,皇帝在太和殿阅视玉、帛、香;阅视后移入龙亭,由銮仪卫派员率校尉将龙亭送至祈谷坛神库。祭祀用龙亭一为祝版亭,一为香炉亭,一为玉帛香亭,各饰天青描金缎亭衣,亭内预陈铜五供及天青描金龙祝版盒,蓝布托垫。祀前一日,皇帝驾御斋宫,先至皇乾殿上香行礼,再至祈年殿视坛位,至神库阅笾豆,至神厨视牺牲。

祈谷大祀日,皇帝在日出前七刻即至祈谷坛,于幄次更换祭服,进祈谷坛南砖门,升殿候赞。典仪唱

铜鼎,祭天礼器

赞,举燔柴,中和韶乐奏"始平之章",皇帝至拜位,上香,奠玉帛,晋俎,晋爵,行三献礼,乐舞生舞文德舞、武功舞。三献礼毕,读祝官宣读祝文,皇帝饮福受胙;撤馔后,皇帝拜退。赞礼官再唱赞,皇帝再至拜位,依次拜祭配位神主,行三献礼,分献官诣从位,依次拜祭。礼毕,皇帝率百官诣望燎位,行望燎礼,还幄次。

清代祈谷大典不设从位,笾豆牲牢与冬至大祀略有不同,行礼过程中所演奏的乐章与冬至大祀也不同。

雩祀

雩祀为中国古代祈求雨水的祭祀典礼,源于上古时期。东汉时雩祀被列为国家祀典,以后许多朝代也将雩祀列为国家祀典,但多将其列为中祀。

明朝初年,遇有水旱灾害,朝廷即举行雩祀。当时雩祀并无固定地点,有时在宫内空地举行,有时在奉天殿举行,如灾害严重则在山川坛举行。在山川坛举行雩祀时,皇帝素服草履,步行至坛,当夜即露宿于坛侧,次日举行祭祀。宣德皇帝曾作《悯旱诗》用于雩祀,借以祈雨。嘉靖皇帝一度列雩祀为大祀,在圜丘泰元门外建崇雩坛,后又在山川坛南建天神坛,也称雩坛,定雩祀为中祀。

光绪款镀金银质羊角灯,祭天礼器

嘉靖八年（1529年），天大旱，嘉靖皇帝率百官首次在天坛大祀殿举行祈雨大典，武官四品以上、文官五品以上陪祀于大祀门外，其余官员陪祀于南天门外。

嘉靖十一年（1532年），天坛崇雩坛建成。嘉靖十七年（1538年），皇帝亲祭崇雩坛，典礼十分隆重。祀典后，嘉靖皇帝提出简化礼仪程序。从此，雩祀不再设配享神位。嘉靖朝以后，崇雩坛废，雩祀改在神祇坛或圜丘举行。

明朝雩祀典礼仪程规定，祀前四日，太常寺奏请祭祀，命百官致斋三日；祀前二日，太常卿同光禄卿奏省牲，次日向皇帝复命；祀前一日，皇帝亲填祝版于文华殿，然后告于太庙，如祈谷之仪。

正祭日，皇帝乘舆至崇雩坛门西降舆（在圜丘雩祀为昭亨门内降舆），至帷幕内换具祭服，再至祭坛棂星门内，拜位行礼。雩祀礼仪与祈谷礼仪相同。礼毕，皇帝至帷幕内易服，驾还，仍到太庙参拜，礼毕回宫。

明朝雩祀祝文并无规定，遇雩祀时则临时撰用。

万历十三年（1585年），天大旱，万历皇帝亲至郊坛祈雨，弃辇步行，制有步祷仪。其礼仪程序规定，祀前一日，皇帝具青服恭至南郊天坛，预告于奉先殿，并亲填祝版御名。正祭日黎明，皇帝在百官护送下，从皇极门步行至昭亨门，在左棂星门外幕次稍息，即至拜位行三献礼。礼毕，皇帝至幕次少憩，再回奉先殿参拜。

光绪款镀金银质软金丝圆灯，祭天礼器

清初沿袭了明朝的雩祀制度。顺治十四年（1657年），天大旱，顺治皇帝亲率百官祈雨于天坛圜丘。大祀前，斋戒三日，并禁止屠宰，罢刑名。祭祀日，顺治皇帝身穿素服，徒步从紫禁城往天坛，沿途不除道，不摆设卤簿。在祭坛行礼过程中，不举行饮福受酢礼，中和韶乐设而不奏，坛上也不设配位，其余仪程均与冬至大祀相同。此后，遇到旱灾，多在天坛举行雩祀。

乾隆七年（1742年），将雩祀列为常祀，规定每年夏初巳月择龙见日行常雩礼，祀皇天上帝于天坛圜丘，礼仪与冬至大祀相同；如遇大旱，则于仲夏时举行大雩礼。大雩礼不设配位，只设从位，行礼时不晋俎，不用登、铏、簠、簋，设六个笾，六个豆，不举行饮福受酢，不燔柴，也不设馔桌、福酢桌。祀前奏请皇帝亲诣行礼或遣亲王行事。嘉庆十三年（1808年）后，以近支亲王代皇帝行礼。

嘉庆十八年（1813年），以节气为准，将常雩礼改在立夏后数日内择吉举行。祀前三日，皇帝敕谕公告。各项斋戒事宜皆遵循祭天通例。

告祭

明清时期，遇到皇帝登基、上尊号、徽号、祈庙、郊祀、万寿节、册立皇太子、册立皇后、追尊先皇谥号、皇

酢，也不举行三献礼。

明朝皇帝很少亲自赴天坛举行告祭，多遣官代其行事。

清朝皇帝则多次在天坛举行告祭典礼。如顺治元年(1644年)十月初一，顺治皇帝"以定鼎燕京"告祭于圜丘，清廷亲王以下文武官员皆参加告祭。皇帝摆仪仗卤簿，至坛献玉帛香玄酒，年仅六岁的顺治皇帝亲自宣读祝文。康熙皇帝也曾数次至天坛告祭。康熙二十六年(1687年)十二月初一，康熙帝以为祖母孝庄文皇后患重病，率百官从紫禁城步行至天坛，登坛告祭，并亲自宣读祝文。

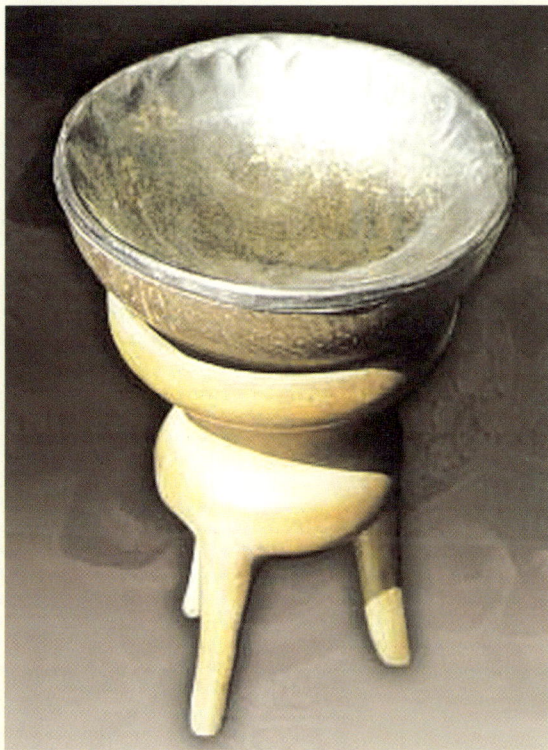

匏爵，祭天礼器

2.天坛祭天礼器

祭器是祭祀时盛放供品的器皿。祭器用于祭祀陈设，有着明尊卑、别贵贱、序长幼、分宾主的作用。

帝亲征、重大任免事宜、重大修缮工程等，往往要在天坛举行祭祀活动，礼拜皇天上帝，这种非常例的祭祀活动称为告祭。

明清告祭或皇帝亲自行礼，或遣官恭代。重要的告祭活动异常隆重，排卤簿仪仗，设配位，文武百官陪祀，举燔柴，行三献礼，奏中和韶乐，舞八佾，皇帝亲自宣读祝文。有些告祭从简，选派大臣择吉日焚香告祝，恭献制帛，陈设简单，仅设皇天上帝神主，不置配位，不晋俎，不饮福受

最早的祭器为石制、木制或竹制，后来用陶、瓷、金、银、铜、铁、玉等材料制成。随着祭祀礼仪的演变，祭器逐渐发展为根据等级划分，从质地、数量、形状、尺寸到色彩都各有定制。历朝祭器多以《周礼》为依据，而天坛祭天所用的祭器更有严格的规制。

明洪武二年(1369年)规定，祭器皆以陶瓷制成。景泰年间曾把酒爵改为玉制。嘉靖九年(1530年)更定祀典，分建四郊祭坛，规定了四郊祭器

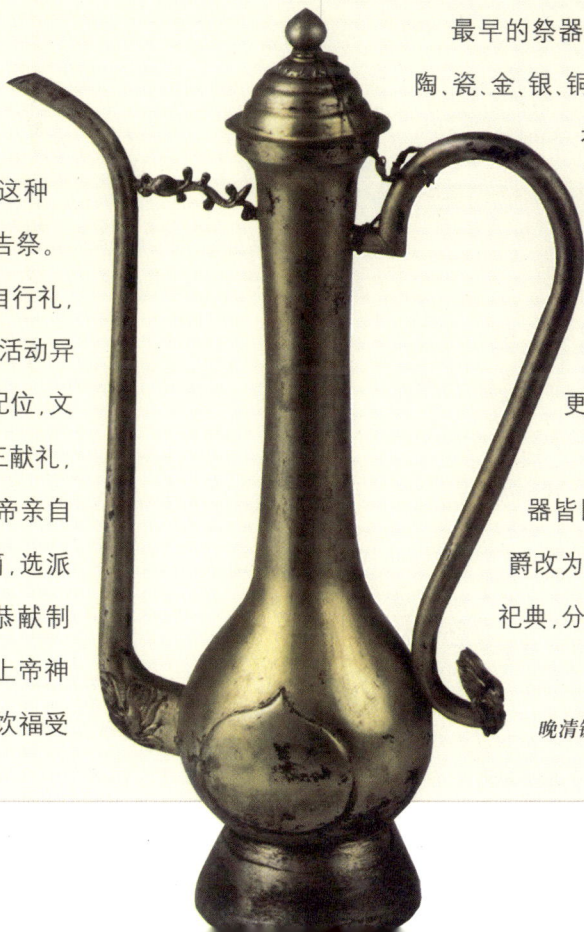

晚清镀金银质执壶，祭天礼器

各依其方色：圜丘用青色，方泽用黄色，朝日用赤色，夕月用白色。而各坛所用祭器的式样也重新作了规定，登、铏以瓷碗代之，簋、簠、笾、豆皆以瓷盘代之。

清乾隆十三年（1748年），乾隆皇帝依据《周礼》修订祭典礼仪，认为明朝和清朝早期祭天时使用盘碗不符合传统礼制，下令按照中国古代传统重新制作天坛祭器，包括笾、豆、簋、簠、登、铏、爵、尊、馔盘、盏等，分为竹编器、瓷器、木器等类。天坛现存的祭器大多是清光绪朝按乾隆皇帝所定规制制作的。

1900年，天坛被八国联军占领，惨遭劫掠，乾隆时期制作的祭器大多流失。现存祭器多为1901年后所制，主要有豆、簋、簠、登、铏、爵、尊、馔盘、盏等。

明代祭器

明朝天坛祭器多采用瓷盘瓷碗，但名义上仍以笾、豆、簋、簠、登、铏、爵、尊等冠名。瓷盘瓷碗大小不一，祭祀时按其大小分类盛放祭品。清代改制后，明朝祭器大多被遗弃，只有少数保存下来。今天坛库内所存的部分明朝祭器，如永乐白釉大盘、宣德款白釉暗把莲花大瓷盘等，是了解明朝祭祀制度及历史状况的珍贵文物。

永乐白釉大盘

瓷器，明永乐年间（1403—1424年）制。高7.5厘米，口径38.4厘米，足径27.5厘米。圆口圆唇，平底矮圈足，白色纯素，足底无釉。祭祀时用于盛放祭品。

图58　明宣德款白釉暗把莲花大瓷盘，祭天礼器

宣德款白釉暗把莲花大瓷盘

瓷器，明宣德年间（1426—1435年）制。高6.3厘米，口径33.6厘米，足径24.2厘米。圆口圆唇，平底矮圈足，白色，盘内刻暗把莲花纹，盘底无釉，红色，盘外刻暗把莲花纹，足边饰雷纹，盘口外蓝色六字撰款"大明宣德年制"。祭祀时用于盛放祭品。

明初白釉瓷盘

瓷器，无款，为明初制品。高4厘米，口径18.7厘米，足径11.8厘米。圆口圆唇，平底矮圈足，足底无釉。祭祀时用于盛放祭品。

大明成化年款青花瓷尊

瓷器，明成化年间（1465—1487年）制。通高44.5厘米，口径14厘米，腹围77.5厘米，足径21.5厘米。圆口圆唇，溜肩，上圆腹，腹下斜收，内圈足，唇、足边无釉，颈饰青花茶花卷草纹，肩饰回纹，下均为青花茶花卷草纹，上腹部四面双喜字。盖出檐，回纹，中间隆起，纹饰与器身同，饰四双喜字，平圆饼形纽，上饰叶子旋花纹，底款"成化年制"。祭祀时用于盛放祭品。

嘉靖白釉大碗

瓷器，明嘉靖年间（1522—1566年）制。通高10厘米，口径22.2厘米，足径9.8厘米。圆口圆唇，外侈，下弦收，矮圈足，纯素。内壁饰暗花双凤如意纹，内底饰暗花如意绶带纹。祭祀时用于盛放祭品。

清代祭器

清朝是中国古代祭天制度最为完善的时期，用于祭祀的支出颇为巨大，祭器制作也十分讲究。乾隆十三年（1748年），乾隆皇帝亲自下令按古代规制重新制作天坛祭器，使之名副其实。天坛现存祭器绝大部分

为清代制作，其形式和色彩均与史籍记载相符，是研究中国古代祭天文化的重要佐证。

青花瓷尊

瓷器，清康熙年间（1662—1722年）制。通高43厘米，口径12.8厘米，腹围82.5厘米，足径18.8厘米。圆口圆唇，上圆腹，下斜收，圈足略外侈，唇、足边无釉，颈饰青花如意纹，身、盖饰青花牡丹凤凰纹。盖出檐，纽下圆上尖。祭祀时用于盛放玄酒。

光绪官窑祭蓝釉刻花瓷簠

瓷器，清光绪年间（1875—1908年）制。通高23厘米，通长28厘米，口径23×18.5厘米。椭圆形，子母口，平唇，鼓腹斜收，椭圆圈足，口饰回纹，依次为金钣纹、环带黻纹、星云纹、登纹，器身两侧饰夔龙耳。足底白釉，青花撰款"大清光绪年制"。盖隆起，上有棱四出，饰回纹、金钣纹、云纹。此祭天礼器设于正位、配位、从位，祭祀时用于盛放稻、粱。

光绪官窑祭蓝釉刻花瓷簋

瓷器，清光绪年间制。通高28.5厘米，通长30厘

清光绪年间官窑祭蓝釉刻花瓷簋，祭天礼器

清光绪年间官窑祭蓝釉刻花瓷簠，祭天礼器

米，口长23.6厘米、宽21.5厘米，足长20厘米、宽14.6厘米。长方形，子母口，平唇，器身斜收成倒梯形，两侧饰夔龙耳，平底，梯形足。器身饰夔龙纹，下饰回纹，足饰云纹，足底白釉，青花撰款"大清光绪年制"。盖斜收为梯形，斜收部两侧饰环耳，盖顶平，周饰波状缘，面饰夔龙纹。此礼器在祭天、祈谷时陈设于正位、配位及从位供案上，用以盛放黍、稷。

光绪官窑重环纹祭蓝釉瓷登

瓷器，清光绪年间制。通高29.8厘米，口径16.8厘米，深6.8厘米，校围27.6厘米，足径15.3厘米。圆口平唇，圆腹平收，喇叭状圈足，足颈饰凸起圆环。口饰几何纹，依次为云雷纹、垂云纹、饕餮形雷纹、环带纹。足底白釉，边缘铭刻"大清光绪年制"。登盖隆起，顶饰交叉绳纽，饰云雷纹、垂云纹、星纹。该瓷登为祭天礼器。祭天时陈放于圜丘正位、配位及从位神位前，用于盛放大羹（不放五味的牛肉汤）。

光绪官窑祭蓝釉刻花锦纹瓷铏

瓷器，清光绪年间制。通高28.5厘米，宽14.4厘米，口径16.8厘米。圆口平唇，圆腹斜收，平底三云状足。器身两侧饰牺形耳，口饰藻纹，依次回纹、提花锦纹，足饰云纹。盖隆起，饰藻纹、回纹、几何纹。顶有云状三

出，与足同。此礼器在祭天、祈谷时陈设于从祀神位，用于盛放和羹（加入调料的牛肉汤）。

光绪官窑祭蓝釉刻花瓷豆

瓷器，清光绪年间制。通高25.6厘米，口径15.2厘米，足径13.7厘米。圆口平唇，上鼓腹，圆底，喇叭状圈足，足颈有凸起圆环。口饰云纹，依次为金钣纹、垂云纹，足饰环带龖纹。足底白釉，边缘铭刻"大清光绪年制"。盖隆起，顶饰圆纽，饰S纹、云头纹、星纹。此礼器在祭天、祈谷时陈设于正位、配位及从位供案上，用于盛放肉醢（碎肉）。

光绪官窑祭蓝釉荷叶形盖尊

瓷器，清光绪年间制。通高40.2厘米，口径17.8厘米，腹围88厘米，底径15.6厘米。圆口平唇，圆腹弦收，平底，底撰款"大清光绪年制"。盖子口面饰荷叶纹，边为荷叶形翘角，螺纽。此祭天礼器在天坛正位、配位、从位摆放，用于盛放祭酒。

光绪官窑祭蓝釉暗花双龙纹大盘

瓷器，清光绪年间制。通高4.8厘米，口径32.5厘米，足径22厘米。圆口圆唇，斜收，平底矮圈足。盘内底有两道凹弦纹，刻暗花双龙云纹，盘外斜收部刻缠枝莲花纹，盘底撰款"大清光绪年制"。祭祀时用于撤馔。

光绪官窑祭蓝釉瓷爵

瓷器，清光绪年间制。通高16.2厘米，长18厘米，宽7.8厘米。爵口前尖后椭圆形，中饰二立柱，圆柱头。三柱足，纯素。此礼器在祭天、祈谷时仅陈设于从位。

光绪官窑祭蓝釉瓷盏

瓷器，清光绪年间制。通高6.3厘米，口径10.9厘米，足径4.7厘米。圆口，圆唇外侈，圆腹弦收，平底矮圈足。盏底撰款"大清光绪年制"。祭祀时用于饮福受胙。

光绪官窑款白釉蟠龙纹板沿大盘

瓷器，清光绪年间制。通高5.5厘米，口径31厘米，足径18.3厘米。圆口舌唇，圆腹斜收，平底矮圈足，盘内饰暗龙火珠朵云纹，盘外斜收部饰暗金莲花卷草纹，底撰款"大清光绪年制"。祭祀时用于撤馔。

光绪官窑款白釉凸花蟠龙纹瓷执壶

瓷器，清光绪年间制。通高28.5厘米，面宽19厘米，腹围44厘米，口径7厘米，足径8.6厘米。圆口圆唇，圆腹矮圈足，圆腹两侧出提耳，壶嘴与壶颈相连。壶身花纹凸起，壶口饰雷纹，下一圈谷纹，壶身饰降龙火珠云纹。盖子口隆起，顶饰凸花如意纹，下圆上尖纽，底撰款"大清光绪年制"。祭祀时用于盛酒。

清光绪年间官窑祭蓝釉刻花瓷豆，祭天礼器

提尊

瓷器，清光绪年间制。通高40厘米，口径13.6厘米，腹围92厘米，足径23厘米。圆口圆唇圈颈，上圆腹斜收，下外撇，内圈足，足底撰款"大清光绪年制"。肩饰回纹、叶形纹,器身饰飞龙纹,间以云纹火珠,足边饰两道弦纹。外有提匣,通高102.5厘米。祭祀时用于盛酒。

光绪款镀金银质羊角灯

银器,清光绪年间制。通高59厘米,腹围81厘米。由灯座、灯罩两部分组成。罩身中部由羊角制成蓝色透明罩,圆球形。底座、座托为圆形,须弥座刻菊花瓣纹,座托栏杆上下镂刻如意朵云纹。灯提四柱贯穿于灯罩内,柱顶嵌火珠,三叉火焰顶,上下收口纯素,敞檐镂刻缠枝莲宝相花纹。底部刻款。祭祀时设于神位前。

光绪款镀金银质软金丝圆灯

银器,清光绪年间制。通高59厘米,腹围75.5厘米。由灯罩、灯座两部分组成。圆须弥座刻菊花瓣纹,座托栏杆上下镂刻如意朵云纹。灯提四柱贯穿于灯罩内,柱顶嵌火珠,三叉火焰顶,灯罩用软金丝编织成镂空网状圆筒笼形,上下收口纯素,敞檐镂刻缠枝莲宝相花纹。底部刻款。祭祀时设于供案前。

光绪款镀金银质圆熏炉

银器,清光绪年间制。通高63厘米,通长31.7厘米,腹围71厘米。圆口平唇,圆腹平底,两侧饰双天官耳,三蹄足。炉口饰回纹,通体刻八卦云纹。炉盖圆形,平面刻云鹤纹。炉后插有七出香靠具一副,炉底刻款。祭祀时用于燃香。

晚清镀金银质葫芦形壶

银器,晚清制。通高54厘米,面宽43厘米,口径8.5厘米,足径17.5厘米。圆口方唇,葫芦形腹圈足,一侧饰提耳,一侧饰壶嘴,到上部与壶颈相连。壶嘴根部刻龙头,盖子口、顶饰花纹,圆尖纽,壶底镂金钱纹。祭祀时用于浇汤。

清中晚期镀金银质酒提

银器,清中晚期制。通高39.5厘米,口径8.6厘米,足径6厘米。提碗圆口方唇,斜收平底。提把弧形,把端尖形,刻花纹、回纹,背部中刻款"一本"、"足纹"。祭祀时用于盛酒。

清中晚期镀金银盖

银器,清中晚期制。通高6.1厘米,口径10.1厘米,足径6厘米。圆口,圆腹弦收,平底圈足。祭祀时用于饮福(赐祭祀人员饮供酒)。

清光绪年间官窑祭蓝釉暗花双龙纹大盘,祭天礼器

清晚期镀金银质执壶

银器,清晚期制。通高34厘米,面宽22.5厘米,足径8.8厘米。圆子母口,深沿斜收,高颈圆腹斜收,平底外撇圈足。圆腹一侧饰提耳,一侧饰壶嘴,提耳饰悬兽面,壶嘴下部刻龙首纹,上饰夔凤形横梁与壶颈相连。腹两面饰新形纹,盖出檐,顶饰旋花,圆尖纽。祭祀时用于盛酒。

匏爵

清乾隆年间制。爵高5.8厘米,口径12.1厘米。玷高

12.4厘米，口径9.5厘米。爵圆口圆唇圆腹，腹底刻款"大清乾隆年制"。外为椰壳，内饰银里，翻唇，呈以木玷。玷为檀香木制，上有托盘放爵，束腰，平底，三柱足。底部刻款。祭祀时用于献酒。

银质汤壶

银器，清光绪年间制。通高36.5厘米，面宽37厘米，口径12.5厘米，底径11.6厘米，腹围64.2厘米。圆口圆唇，外侈，长颈溜肩，圆腹斜收，平底，一侧饰提耳，一侧饰壶嘴，均高出壶口。底部刻款。祭祀时用于盛酒。

莫池

银器，清中晚期制。通高11.5厘米，口径36.7厘米，足径26.1厘米。镀金银质。圆口圆唇外折，圆腹弦收，平底圈足。此礼器设于更衣幄次，祭祀前用于皇帝盥手。

清晚期双兽衔环耳银罐

银器，清晚期制。通高48厘米，口径12.2厘米，足径19.5厘米，面宽33厘米。圆子母口方唇深沿，上圆腹斜收至底，内圈足，肩两侧饰兽面衔环耳。盖子口出沿，顶饰小须弥纹，圆尖纽。祭祀时用于盛酒。

天坛祭天礼器共计有数千件，它们造型典雅，纹饰古朴，是极为珍贵的历史文物。在近现代的动荡年代中，天坛祭器虽然经历了民国年间多次战乱及"文革"期间"破四旧"运动，但还是比较完整地保存下来，成为中国古代悠久的祭祀文化的历史见证。天坛祭器在相当长的一段时间里都封存在库房，近几年很多祭器都已摆放在殿堂、展馆中。游客在饱览天坛雄伟的古建筑和美丽的景色之余，也可一睹天坛祭器的真颜，从而领略中国古代祭天大典的盛况，追忆那古老的东方文明之光。

神乐署凝禧殿"玉振金声"匾，清乾隆皇帝御笔

3. 天坛祭祀音乐

中和韶乐是明清时期宫廷祭祀及朝会礼仪活动所用的宫廷音乐。中和韶乐用金、石、丝、竹、土、木、匏、革八种材料制成的乐器演奏，和以律吕，文以五声，八音叠奏，玉振金声，融礼、乐、歌、舞为一体，被誉为"华夏正声"。

中和韶乐的源起

中和韶乐初称雅乐，源于古代先民的原始乐舞。中国古代史籍中最早的雅乐作品，有《吕氏春秋·古乐

明鎏金铜编钟，中
和韶乐金属类乐器

篇》记载的朱襄氏之乐、葛天氏之乐，《尚书·益稷》记载的《箫韶》乐，《周礼》记载的"咸池"乐，其中尤以《箫韶》最为著名。

《箫韶》是以编管乐器箫作为主要伴奏乐器的原始乐舞作品，并以此而得名。《箫韶》有九个段落，故又叫《九韶》，也称《九歌》《九辨》。据《尚书·益稷》记载，《箫韶》反映了远古时期父系氏族社会的祭祀活动，它用敲击石磬发出的声音为先导，继而是拨动弦乐器的弹奏以及歌诗的咏吟，并与人饰鸟兽图腾的舞蹈表演融为一体，即所谓"箫韶九成，凤凰来仪"。孔子在齐国观看《箫韶》时，曾陶醉得"三月不知肉味"，说"不图为乐之至于斯也"，给予《箫韶》"尽善尽美"的评价。

雅乐保持着肃穆、典雅、优美的艺术风格。儒家学者认为，雅乐是最和谐完美、最符合儒家伦理道德的音乐，尊之为"华夏正声"。在中国古汉语里，"韶"的意思为美好，故有人将雅乐称为"韶乐"。明洪武年间，朱元璋根据雅乐具有的中正平和的乐理特点和思想理念，将雅乐更名为"中和韶乐"。

中国古代统治者信奉"治民莫善于礼，移风易俗莫善于乐"，因此各个朝代的中央政府均设立专职官员和职能部门，负责有关雅乐事宜。

清朝灭亡后，中和韶乐进入了沉寂期。1915年，民国政府内务部礼制司曾在天坛神乐署组建燕乐研究所，但不久即撤销。

20世纪80年代，随着对中国传统文化的重新认识，一些专家学者开始对中和韶乐采取发掘抢救措施，中和韶乐逐渐复苏。1989年，天坛有关部门整理出部分中和韶乐曲谱。1990年，在祈年殿东配殿布置祭天乐舞馆，展出了全套中和韶乐乐器，并组织录制了22首祭天乐曲。自2002年春节开始，天坛连续举办了三届"天坛文化周"，进行规模宏大的祭天仪仗及祭天乐舞表演。2004年9月，天坛神乐署修复完成，开办了中国古代皇家音乐展，并专门开辟了中和韶乐展演厅，神乐署凝禧殿成为中和韶乐惟一的专用演出场所。

中和韶乐的编制

中和韶乐的乐器，按金、石、丝、竹、匏、土、革、木的质料分为八类，故中和韶乐也称为"八音乐"。

这八类中和韶乐乐器共有16种，即金属类的镈钟、编钟；石属类的特磬、编磬；丝属类的琴、瑟；竹属类的排箫、箫、篪、笛；匏属类的笙；土属类的埙；革属

特磬，中和韶乐石属类乐器

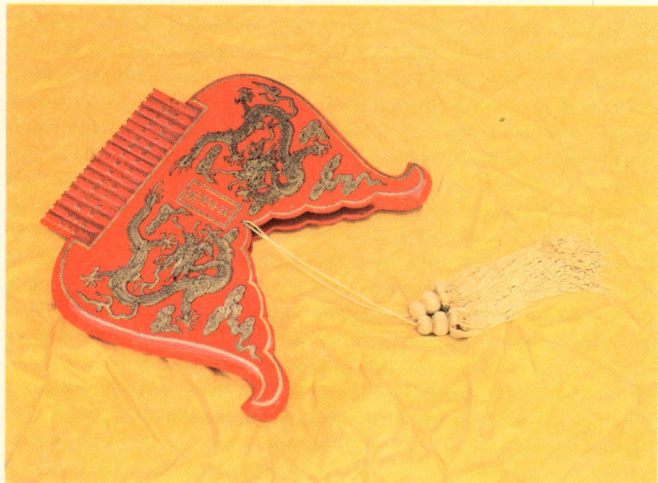

排箫，中和韶乐竹属类乐器

增加铸钟、特磬，乐队编制达到205人。

现在天坛神乐署展出的16种中和韶乐乐器，除单管竖吹孔箫外，其余15种在先秦文献中均有记载。

埙，材质为陶器，用黄土烧制而成。古籍《世本》曾记载周平王时"暴辛公作埙"，已不可考。但在西安半坡遗址中出土的陶埙，距今已有6300～6800年之久，比周平王时期的暴辛公埙还要早4000多年。

篪，即笛，属竹类乐器。考古发现，在河南

建鼓，中和韶乐革属类乐器

类的建鼓、搏拊；木属类的柷、敔。

每种中和韶乐乐器，在朝会中用1至8件不等；在重要祭祀（包括大祀和中祀）活动中，依等级的不同而有多有少，但种类都是一样的。隋唐时期，增加了雅乐乐器种类及数量，设虡达72架。

明朝初年，朱元璋将雅乐改称中和韶乐后，去掉了前代增加的宫悬。当时中和韶乐的乐器有编钟、编磬各1虡，每虡各16枚，琴10件，瑟、搏拊各4件，柷、敔各1件，埙、篪、笛各4件，箫、笙各8件，建鼓1只，歌生22名，协律郎1人。后又增龠、凤笙各4件，埙2件，搏拊减为2件，文德舞、武功舞乐舞生各64名，舞师2人。

清代中和韶乐乐队沿袭明朝编制。至乾隆年间，在江西发现了古铸钟。乾隆皇帝下令在中和韶乐乐器中

舞阳贾湖遗址墓葬出土的七孔骨笛(不包括第一孔上侧的小孔),能吹出比较复杂的七声音阶。经碳十四断代测定,贾湖古笛距今已经8000年,是中国发现的最早的乐器。考古出土年代近于贾湖古笛的古笛乐器,还有铁制、陶制等多种其他材质的,但以竹制最多。明清中和韶乐乐队演奏用的篴,均为六指孔竹管乐器。

笙,属匏类乐器,即用匏瓜作托,配簧片、吹管。《世本》曾记载"女娲氏作笙簧",有的版本记"随作笙","随"是女娲的臣子。《周礼》中有"笙师"的官名,说明西周时已有专门司职吹笙的官员了。《诗经·小雅》也记有"笙磬同音",证明远古时笙、磬均已用为乐器。

篪,为五指孔竹管乐器。《世本》记载周平王时"苏成公作篪"。《诗经·小雅》有"仲氏吹篪"。《吕氏春秋》也

祝,中和韶乐木属类乐器

云:仲夏之月"调笙、竽、埙、篪"。湖北曾侯乙墓出土的篪,就是五指孔竹管乐器。

箫,有排箫和箫,均为竹类乐器,初专指排箫。《世本》谓"舜所造","其形参差,像凤翼,十管,长二尺",记述的显然是排箫。河南光山宝相寺春秋早期黄君孟夫妇墓、河南淅川下寺春秋晚期楚墓的出土文物中均有排箫,其材质既有石制的,也有竹制的。明清中和韶乐乐队所用的箫及排箫均为竹制乐器。

镈钟、特磬,是中和韶乐的重型乐器,前者为金属类,后者为石器类。在先秦文献里有很多记载,并有大量实物传世。由于自铭的不统一,两者名称及形制往往存在某种程度的相似和混淆。镈钟、特磬初用于宫室陈设,南北朝时才开始用为雅乐乐器。

中和韶乐的特色

中和韶乐的艺术特色主要反映在如下几个方面:

(1)钟声磬韵,体现了五声音阶的特点

中和韶乐采用五声音阶(简谱:12356),音域从下羽到高宫,即简谱从低音6到高音1。

搏拊,中和韶乐革属类乐器

敔，中和韶乐木属类乐器

按《律吕正义后编》及《阙里文献考》中关于演奏程序的记载相互参照来看，中和韶乐乐曲速度缓慢，曲调平和。

书载中和韶乐演奏程序为：每奏一章，先击柷三声，以起乐。每奏一句，先击镈钟一声，以宣其声。每奏一字，歌声未发，先按谱击编钟一声，歌生协律歌一字，琴按谱弹一声，瑟弹两声，其余乐器齐奏一声；歌声将绝，再按谱击编磬一声，以收其韵。每一句（四字）完了，击特磬一声，以收一句之韵；击楹鼓一声，足鼓（曾一度取消）二声，搏拊一声，以应之；同时摇鼗鼓（一度取消）三下（《律吕正义后编》谱中均简为击建鼓一声、击搏拊两声），然后再起下句。这种缓慢的演奏形式，体现了儒家所追求的"中和"、"平和"的韶乐格调。

（2）一字一音，延续了先秦雅乐的特征

现存的元、明、清中和韶乐乐谱，均为一字一音。据朱熹《仪礼经传通解》所载《诗经乐谱》，计有《诗经·小雅》中的《鹿鸣》《四牡》《皇皇者华》《献山有台》，《国风》中的《关雎》《葛覃》《卷耳》《鹊巢》《采繁》《采苹》等10首乐谱，皆一字一音。显然，中和韶乐延续了先秦雅乐的这种艺术风格。

（3）八音具备，玉振金声

中和韶乐乐器由八种天然材料制成，保存了上古乐器的基本因素。清中和韶乐乐器编制去掉了前代宫悬，即唐以后增加的外族乐器，而与秦汉时期的雅乐编制相同。清乾隆二十六年（1761年），还参考历史文献及出土文物，仿古代乐悬，做成十二镈钟和十二碧玉特磬，在中和韶乐的编制中增加了镈钟、特磬的设置。

（4）有乐有词，表现治国安邦的政治理念

《律吕正义》所记中和韶乐祭天乐谱

历代雅乐演出都是礼、乐、歌、舞并存。西周时雅乐演出即有奏黄钟、歌大吕、舞云门之说。《诗经》中的周颂、商颂就是祭祀乐的颂词。雅乐歌词都有颂扬上天赐福、缅怀祖宗恩德、不忘治国根本的含义。

朱元璋改雅乐为中和韶乐时，即命大臣重新撰写歌词，祭祀乐曲曲名均用"和"字：祭天大祀迎神，奏中和之曲；奠玉帛，奏肃和之曲；晋俎，奏凝和之曲；初献，奏寿和之曲，武功之舞，亚献，奏豫和之曲；终献，奏熙和之曲；撤馔，奏雍和之曲；送神，奏安和之曲；望燎，奏时和之曲。当时的天坛大祀迎神歌词曰："昊天苍兮穹隆，广覆焘兮庞洪。建圜丘兮国之阳，合众神兮来临之同。念蝼蚁兮微衷，莫自期兮感通。思神来兮金玉其容，御龙鸾兮乘云驾风。顾南郊兮昭格，望至尊兮崇崇。"

清顺治元年（1644年），中和韶乐祭祀乐曲曲名改用"平"字，规定：圜丘大祀致祭燔柴迎神，奏始平之曲；奠玉帛，奏景平之曲；晋俎，奏咸平之曲；初献，奏寿平之曲，亚献，奏嘉平之曲；终献，奏雍平之曲；彻馔，奏熙平之曲；送神，奏太平之曲；望燎，奏安平之

曲；并规定祭天、祈谷、常雩之乐各九章（每章为一首歌词），大雩、方泽之乐各八章，太庙之乐六章，社稷、日坛、先农坛之乐各七章，月坛、历代帝王庙、先师庙、先蚕坛等之乐各六章。

当时的天坛大祀迎神歌词曰："敬承纯祐兮於昭有融，时维永清兮四海攸同。输忱元祀兮从律调风，穆将景福兮廼眷微躬。渊思高厚兮恐负鸿则，聿章彝序兮夙夜宣通。云辂驾辂兮忽降中坛，翠旗纷袅兮列缺丰隆。肃始和畅兮庆洽陶匏，百灵祗卫兮齐明辟公。恭仰颢穹兮神来燕喜，协昭慈惠兮逖鉴予衷。"歌词表达了对天神的深切崇仰之情。

中国古代采用工尺谱记录乐曲，用"合、四、一、上、尺、工、凡、六、五、乙"作音乐符号。宋代称工尺谱为"半字谦乐谱"，并与十二律相配。明代改名工尺谱。明清时期的中和韶乐，全部采用工尺谱记录乐曲。

1990年，天坛有关部门根据故宫博物院保存的清代祭天乐谱，整理完成了23首天坛祭祀乐的录制。2001年，在天坛重新演出了部分中和韶乐曲目。天坛现保存的明清两代天坛祭祀乐谱，有工尺谱及简谱两种。

中和韶乐是中国古代音乐的重要部分。天坛神乐署在几百年的历史过程中，承载了中和韶乐的辉煌。今天，神乐署恢复了中和韶乐的保存和展出的功能。2006年12月，天坛神乐署中和韶乐被列入《北京市非物质遗产名录》。

中和韶乐祭天乐谱简谱

五、天坛文化遗产的保护

TIANTANWENHUAYICHANDEBAOHU

天坛的保护和建设历来受到政府及社会各界的关注和重视。1913年天坛由清皇室移交给民国政府内政部后，即成立了古物保存所，负责管理天坛事务。1918年，天坛被辟为公园。1951年，北京市政府组建了天坛管理处。1961年3月，国务院将天坛列为第一批全国重点文物保护单位。

1998年,北京市政府制定了天坛的保护区、保护范围和建设控制地带,明确提出:保护区内建筑的形式、体量、色调应与天坛相协调,以保护景观视野;按照天坛的文化特色建设天坛,为天坛的可持续发展奠定良好的基础。

"文保优先"的方针是天坛各项工作开展的前提。2001年,天坛管理部门制定了《天坛文物保护管理办法》,明确规定:天坛公园内一切具有历史、艺术、科学价值的古建筑、古建筑遗址、古墓葬、古石刻、古树,天坛各时代的陈列品、藏品及能够反映天坛历史的代表性实物、文献资料,均属天坛文物,并制定了一系列规则,对所有文物的保护管理作出了具体的要求。

天坛有大量的馆藏文物,大多具有很高的历史价值。近几年来,天坛对文物的防腐、防潮、防锈、防蛀、抗衰老等方面进行课题立项,加以研究。同时,还利用部分馆藏文物,陆续进行恢复殿堂原状陈设与专题性展览的布展工作,先后完成了皇穹宇神位原状陈设、祈年殿清代祈谷大典原状陈设、皇乾殿神位原状陈设、斋宫寝宫原状陈设等系列历史陈设展,完成了祭天乐舞、祭天礼仪、祭天建筑等专题陈设展,更充分地展现了天坛文化遗产的内涵。

天坛现存古建筑600余间、古坛墙6800余米,古建筑的总面积达25000余平方米。20世纪80年代末,天坛管理部门确定了"恢复历史原貌"的建设方针,陆续开始对被破坏的古建筑进行恢复性建设及维修。所有维修都要求保持古建筑原有形制和原有结构,尽可能保留和使用原有构件,补配构件必须采用与原有材料相同的材料制作,维修施工必须采用原有工艺。

从20世纪90年代初开始,天坛相继恢复了圜丘燔柴炉、祈谷坛瘗坎、圜丘棂星门、圜丘望灯杆,修复了天坛古坛墙、圜丘神厨、宰牲亭、神库及三库等古建筑,完成了圜丘外墙砖地复建和神乐署的全面修缮。

2005—2006年,天坛主体建筑祈年殿进行了大修(此前在1935年、1971—1976年曾对祈年殿进行过两次修缮)。这次大修经过充分勘察论证,从修复天坛整体格局出发,严格依照"不改变文物原状"、"修旧如故"等原则,采取一切可行的合理的技术手段,有根据地使其恢复到光绪年间的原貌。

此次修缮工程的范围包括祈年殿、祈谷坛、祈年门、皇乾殿、东西配殿、燔柴炉、瘗坎、砖门等建筑,院落总占地面积39656平方米,总建筑面积3876平方米。主要修缮内容为各殿台面原有砖墁地面全部现状保留,祈谷坛三层台面南侧的金砖地面现状保留,恢复祈谷坛三层北侧、二层、一层台面金砖墁地,恢复祈年殿院内地面墁砖,恢复东砖门、西砖门、南砖门台面柳叶砖地面;石活修补;屋面查补,局部严重松动的揭瓦修缮,三座琉璃门、古稀门、院墙按传统做法重新瓦瓦;修补木结构裂缝,将糟朽严重、有进一步加剧趋势、危及结构安全的木柱墩接;宝顶用清水洗掉表面附着物,原镏金层全部外露;外檐彩画去除1971年后做错的内容,按1935年前历史照片恢复原彩画形式。下架按光绪年间修缮记载,恢复原地仗做法,按古建传统操作规范执行,使用净麻人工梳理。内檐彩画用软质毛刷去除尘土,遇有污迹斑痕用荞麦面团滚粘,对地仗翘裂、空鼓、脱皮的进行修补,注胶粘牢,质量要求达到色彩与纹饰在搭接处与外檐彩画一致。此外,这次大修还完善了祈年殿院内的消防给水系统、消防报警系统、安防系统、避雷系统、监控系统。

天坛绿地面积达183公顷,有各种树木6万余株,绿化覆盖率达91％以上。其中古树3500余株，是天坛的宝贵资源，大多植于明清时期，少量植于元代，多为侧柏和桧柏，极少数为国槐。天坛是北京市区古树最多的地方，天坛古柏林也是北京市区最大的一片林地。多年来，古树养护一直是天坛文化遗产保护的重点之一，以维护天坛风貌。

天坛管理部门规定，对古树要进行浇春水、浇冻水、安装喷灌、做渗井等多种方式养护，通过开挖复壮沟、填充杨树条、腐叶土、施麻酱渣等肥料、补充营养元素等方式，复壮衰弱古柏；采取埋施杨树条、生物菌肥及古树助壮剂、设置渗井、排气孔等措施，改善了衰弱树木生长条件。针对一些较弱古柏钠盐危害严重、有效氮缺乏、元素失衡等问题，实行施用腐叶土等有机质，改良土壤物理性状，减少钠盐危害，促进古柏根系的生长，提高吸收能力等方法增强树势。还采取加强病虫监测，及时发现虫情，在先期害虫的防治上，从绿色环保的观点出发，采用生物制剂，使蚜虫、红蜘蛛的危害降低；通过清除虫源木、设置诱木、投放天敌的方法，防治了双条杉天牛等蛀干害虫。这些措施极大地促进了古树的保护，近几年来天坛的古树死亡率一直为零。

2000—2001年，天坛沿丹陛桥两侧种植白三叶、麦冬草1.7万平方米；在回音壁两侧植白三叶，铺设透气草坪砖并植茜草12万平方米；在圜丘周围栽种丹麦草2.1万平方米，达到了"景区、干道视线所及地带消灭了裸露地面"及"人工草地多样化、景区干道草坪化、特殊境地植被化、边缘深处野生化"的适地适草的种植效果。大量树木、草坪对改善天坛的环境质量产生了明显的作用，天坛夏季温度比周围低5～6摄氏度，冬季温度则比周围高3～4摄氏度，湿度高于周边

10％～20％，促进了北京空气质量的改善。

20世纪80年代，天坛管理部门投入大量资金，整理中和韶乐的文字、音像资料。90年代初，在祈年殿东配殿布置祭天乐舞馆，用以展出中和韶乐相关内容。2002年，在天坛圜丘东侧设立演出厅，连续数年春节举办"坛乐清音"音乐会，演出部分中和韶乐曲目。2004年，又在神乐署建中国古代皇家音乐展室，开辟了中和韶乐词曲、舞蹈、乐器展厅，系统介绍中和韶乐的起源、发展、演变及其历史成就。神乐署凝禧殿还被辟为中和韶乐演出大厅，演奏"燔柴迎帝神"、"导迎乐"等中和韶乐曲目。

天坛建成迄今已有580余年，它是中国古代文明的产物，承载了中国几千年的文明史，形成了独特的天坛文化。天坛文化不仅蕴涵在高大壮美的祈年殿、晶莹碧澈的圜丘坛等建筑上，也蕴涵在天坛的一草一木上。随着天坛文化遗产保护和管理水平的提高，天坛的历史原貌逐渐恢复，再现"古坛神韵"正逐步变为现实。